Christa Saitz • Leicht und frei II – Praxisbuch

Christa Saitz

Leicht und frei II
Praxisbuch

Entschlüsseln Sie Ihren Code
zum Schlankwerden und Schlankbleiben

Die sechs Schlüssel

(inklusive Spiegelgesetz-Methode® nach Christa Kössner)

ENNSTHALER VERLAG STEYR

Erklärung
Jede Anwendung der in diesem Buch angeführten Ratschläge geschieht nach alleinigem Gutdünken des Lesers. Autor, Verlag, Berater, Vertreiber, Händler und alle anderen Personen, die mit diesem Buch in Zusammenhang stehen, können weder Haftung noch Verantwortung für eventuelle Folgen übernehmen, die direkt oder indirekt aus den in diesem Buch gegebenen Informationen resultieren oder resultieren sollen.

www. ennsthaler.at

ISBN 3-85068-677-9

Christa Saitz · Leicht und frei II – Praxisbuch

Ennsthaler Gesellschaft m.b.H. & Co KG, 4400 Steyr, Österreich
Covergestaltung: Ennsthaler Verlag
Satz: Die Besorger · Mediendesign & -technik · Steyr

INHALTSVERZEICHNIS

ANHANG

VORWORT

Vor einiger Zeit ist mein erstes Buch „LEICHT UND FREI – Schlankwerden mit der Spiegelgesetz-Methode® – Von der gefräßigen Raupe zum leichten Schmetterling“ erschienen. Seither hat sich sehr viel bei mir getan.

Ich habe mich über das vorwiegend positive Echo sehr gefreut, das von vielen verschiedenen Personen und Orten, sogar von den Malediven, zu mir gekommen ist. So mancher Leser hat sich von meiner persönlichen Entwicklungsgeschichte angesprochen gefühlt. Einer beachtlichen Anzahl von Frauen und auch Männern konnte ich in Vorträgen und Tagesworkshops das Spiegelgesetz und die Spiegelgesetz-Methode® vermitteln und nahe bringen. Von einigen der Teilnehmer habe ich tolle Rückmeldungen erhalten. So wie mir gelang es ihnen, ihr Gewicht und damit verbunden ihr Leben zu verändern und „leicht und frei“ zu werden.

In den Vorträgen ist mir jedoch bewusst geworden, dass es zusätzlicher und ausführlicherer Informationen bedarf, damit noch mehr übergewichtige Menschen ihre Gewichtsprobleme tatsächlich endgültig loswerden können.

Durch meine jahrzehntelangen eigenen Erfahrungen und durch meine langjährige Arbeit in Kursen zum „Schlankwerden“ bin ich in der Lage, Ihnen, meine lieben Leser, umfangreiche Informationen und Anleitungen zu geben, was das Bewusstmachen, Ändern und Umstellen Ihrer Essgewohnheiten betrifft. Mit dem „Spiegelgesetz“ kann ich Ihnen einen leichteren und einfacheren Umgang mit sich selbst und dem Spiegelbild „Gewicht“ nahe bringen.

Folgen Sie diesen Unterweisungen neugierig und aufmerksam und wenden Sie diese auch an, wird Ihr Gewicht bald kein Thema mehr für Sie sein.

Wenn Sie mein erstes Buch gelesen haben, werden Sie sich bestimmt an die Geschichte der kleinen Raupe „Nimmersatt“ erinnern.

Dieses ewig hungrige Wesen war die Symbolfigur meines Werkes. Ihre Wandlung zum schönen, prächtigen Schmetterling war dessen Inhalt.
„Leicht und frei“ zu sein wie ein Schmetterling und unbeschwert das Leben zu genießen ist für viele ein Wunschtraum. Für mich ist dieser Traum glücklicherweise wahr geworden. Und was für mich möglich war, das kann auch Ihnen glücken. Damit Ihnen dieses Vorhaben noch besser gelingt, halten Sie nun mein zweites Buch in Händen, ein Praxisbuch mit vielen einfachen und wirkungsvollen Tipps und Anleitungen zum Schlankwerden und Schlankbleiben.

VON DER GEFRÄSSIGEN RAUPE ZUM LEICHTEN SCHMETTERLING

Zur Erinnerung oder zum Kennenlernen will ich Ihnen die Geschichte von der Wandlung der gefräßigen Raupe in einen wunderschönen Schmetterling in einer Kurzfassung erzählen.
Das bekannte und beliebte Kinderbuch „Die kleine Raupe Nimmersatt" von Eric Carle handelt von einer kleinen hungrigen Raupe, die so lange und so viel frisst, bis sie aus allen Nähten platzt. In diesem Stadium spinnt sie sich ein in einen Kokon. Für lange Zeit bleibt sie darin. Rein äußerlich geschieht gar nichts, doch im Inneren vollzieht sich eine komplette Verwandlung. Wenn am Ende der Entwicklung ein wunderschöner Schmetterling geboren wird, ist aus dem ursprünglich erdverbundenen Wesen, das nur seinen Trieben folgte, ein luftiges Geschöpf geworden, das frei und unbeschwert von Blume zu Blume flattert.
Fast meine ganze Kindheit und meine Jugendjahre verhielt ich mich ebenfalls wie diese „Raupe". Essen war meine Lieblingsbeschäftigung. Als mein Körpergewicht und meine Rundungen im Übermaß zunahmen, reichte es mir eines Tages und ich begann, Gott sei Dank, mit der Verwandlung, die viele Jahre andauern sollte. Mühen und Plagen und ständige Rückfälle begleiteten mich. Doch ich gab nicht auf. Mein Durchhalten wurde belohnt. Ich entwickelte mich zum Schmetterling.
Heute gehe ich leicht und frei MEINEN Weg.
Unter Übergewicht zu leiden oder frei zu sein, dazu kann ich nur sagen: „Beides probiert, kein Vergleich!"
Wohlan, so lasst uns beginnen!

TEIL 1

„Rund und g'sund ...

... und leiwand drauf,
rund und g'sund geht's mit mir bergauf.
Schlank und krank und zwida bist,
wenn du zu wenig isst."

Kennen Sie dieses Lied von Stefanie Werger? Die bekannte Sängerin besingt in ihm ihre eigenen wechselhaften Erfahrungen zum Thema „Übergewicht". Ich kann, was mich betrifft, leider obigem Text nicht zustimmen. Mir ging es immer umgekehrt. „Zwida" heißt hochdeutsch so viel wie missgestimmt, übel gelaunt. Zwida war ich immer, wenn ich zu viel wog. Die Waage attestierte mir dann ein Übergewicht von mindestens 10 Kilo. Das war oft so in meinem Leben. „Leiwand" heißt so viel wie zufrieden und beglückt. So fühlte ich mich, wenn ich das meiner Größe entsprechende Gewicht erreicht hatte und schlank war.

Das Märchen vom „gemütlichen" Dicken

ist in den Bereich der Fabeln einzureihen. Aus meiner Tätigkeit als Kursleiterin in Gruppen zum Abnehmen weiß ich, dass die meisten wohlbeleibten Menschen vielleicht gemütlich erscheinen, aber keineswegs froh und glücklich sind. Leider sind die „Rubens-Zeiten" schon lange vorbei, in denen üppige Formen als besonders schön galten und daher gefragt waren. Heute ist schlank sein in. Viele Menschen verbinden mit der schlanken Figur zugleich ein positives Selbstwertgefühl. So ist es nicht verwunderlich, wenn viele ein Leben lang alles Mögliche und Unmögliche unternehmen, um diesen ersehnten Körperzustand zu erreichen.
Hängen Sie Ihr Selbstwertgefühl auch an Ihr Aussehen?

Sind Sie der Meinung: „Schlank ist attraktiv! Schlank ist erfolgreich! Schlank ist liebenswert!“?
Dann sind Sie sicher bereit, dafür einiges zu tun.

„Der Bauch muass weg, ...“

singt eine weitere bekannte gewichtige österreichische Interpretin, nämlich die „Jazz-Gitti“.
Denken Sie beim Anblick Ihres Leibes ebenfalls so? Wollen Sie es wirklich in die Tat umsetzen? Ich merke, Sie haben ernsthafte Absichten! Nun es muss ja nicht gleich ein Waschbrettbauch sein, ein paar Speckröllchen weniger um die Mitte und Hüften wären erstrebenswert! Ihnen kann geholfen werden! Lesen Sie bitte weiter!

Der 30-jährige Krieg

Laut Geschichtsbuch fand der 30-jährige Krieg im 17. Jahrhundert statt, genau genommen von 1618 bis 1648. Er endete mit dem „Westfälischen Frieden“.
Bei mir ist dieser Konflikt noch nicht so lange her. 30 Jahre – mit einigen kurzen Unterbrechungen – dauerte jedoch mein Kampf mit meinem Gewicht und meinem Aussehen. Mit mir. Frieden schließen konnte ich endgültig, als ich in den letzten Jahren erkannte, dass mein Übergewicht gut für mich war. Es machte mich aufmerksam, dass in meinem Leben vieles nicht im Gleichgewicht war. Was das war, gelang mir mithilfe des Spiegelgesetzes und der Spiegelgesetz-Methode® zu erkennen und zu lösen.
Dieses geniale Instrument stelle ich Ihnen im Kapitel „Der sechste Schlüssel“ in diesem Buch vor. Richtig angewendet wirkt es wahre Wunder und kann Ihnen helfen, den Krieg mit Ihrem Gewicht ebenfalls siegreich zu beenden.

Wichtig:
In diesem Arbeitsbuch finden sie immer wieder Fragen. Bitte beantworten Sie diese ehrlich.
Sie werden sich auf diese Weise besser kennen lernen und davon profitieren.

✎ FRAGEN

Sind Sie mit Ihrem Gewicht zufrieden?

....

Wollen Sie es ändern?

....

Was haben Sie schon alles gemacht, um abzunehmen?

....

....

Wie waren Ihre Erfahrungen damit?

....

....

Wie viele Kilos möchten Sie leichter sein?

....

Warum? Was ist der Grund für Ihren Wunsch?

....

....

....

✳ ZUM NACHDENKEN

Warum sind Sie übergewichtig?

Glauben Sie auch daran, dass es bei Ihnen in den Genen liegen muss? Denn viele in Ihrer Familie, die Mutter, die Großmutter, die Mali-Tant' etc. waren auch keine schlanken Sylphen, sondern ganz schön stattlich, um es höflich auszudrücken.

Kann es sein, dass Sie mehr essen, als Sie bewusst registrieren, oder haben Sie mit Bewegung fast nichts auf dem Hut? Finden Sie diese viel zu anstrengend und schweißtreibend?

Sind Ihre Essgewohnheiten nicht gerade ideal für den Gazellenlook?

Haben Sie Probleme, ganz gleich welcher Art, mit denen Sie nicht fertig werden?

Sie wundern sich vielleicht über meine hartnäckige Fragerei. Doch sie hat ihre Berechtigung.

Übergewicht hat viele Ursachen

Laut wissenschaftlichen Erkenntnissen sind folgende Faktoren für Übergewicht verantwortlich:

- Erbanlagen
- Alter
- zu viel Nahrung
- Bewegungsmangel
- falsches Essverhalten
- psychische Faktoren

Vererbung kann bis zu einem Drittel schuld am Übergewicht sein. Je älter man wird, umso weniger braucht der Körper zum Essen, auch das ist eine fundierte Tatsache, die ich aus eigener leidvoller Erfahrung bestätigen kann.

In den meisten Fällen sind jedoch zu viel Nahrung, zu wenig Bewegung, falsches Essverhalten und psychische Faktoren die Hauptverursacher für die Entstehung von Übergewicht.

Wozu dient uns diese Erkenntnis?
Nun, Alter und Erbanlagen können wir schwerlich beeinflussen, zu viel Nahrung, zu wenig Bewegung, falsches Essverhalten und psychische Faktoren sehr wohl.

Die Idealdiät

Fast mein ganzes Leben war ich auf der Suche nach ihr. Hunderte von Büchern und Illustrierten habe ich aus dem einzigen Grund verschlungen, das Rätsel zu lösen, wie man rasch und möglichst ohne Anstrengung schlank wird. Viele Male habe ich mich allen nur erdenklichen Diäten unterworfen. Der Erfolg? Wie gewonnen, so zerronnen! Oftmals habe ich bis zu 10 Kilo in kurzer Zeit abgenommen, speziell in meinen jungen Jahren. Aber schneller, als mir lieb war, kamen alle mühsam verlorenen Kilos wieder zurück. So habe ich im Laufe der Jahre bestimmt insgesamt an die 50 Kilo ab- und wieder zugenommen!
Wissenschaftliche Erkenntnisse bestätigen, was ich aus eigener Erfahrung weiß:

Diäten machen dick

Unser Körper ist auf Überleben programmiert. Seit die Menschheit existiert, gab es Hungersnöte, Kriege und Naturkatastrophen. Die Versorgung mit Nahrung war dann unzureichend. Auch heute gibt es in vielen Ländern der Erde akuten Nahrungsmangel.
Das Geheimnis, in solchen Krisenzeiten zu überleben, ist, den Energiebedarf – besser bekannt als Grundumsatz – zu drosseln. Der Körper schaltet auf Sparflamme.
Was segensreich für Notzeiten ist, erweist sich aber als verhängnisvoll, wenn wir aus Diätgründen unsere Nahrungszufuhr reduzieren. Besonders durch einseitige, radikale „Blitzdiäten“ sinkt der Grundumsatz enorm ab. Beendet man die niedrige Energie-

zufuhr, stellt sich der Körper aber nicht wieder um. Die traurige Folge: Man muss jetzt weniger essen, um nicht wieder zuzunehmen. Einmal in diesen unsinnigen Kreislauf gekommen, ist das Entrinnen schwer, wie Sie vermutlich auch schon erfahren haben. Eine weitere, fürs Schlankbleiben fatale Sache passiert zusätzlich:

Der Körper baut beim Abnehmen nicht nur Fett ab. Das würde uns ja zusagen. Er reduziert das Muskelgewebe ebenfalls. Da Muskeln mehr Energie verbrauchen als Fettgewebe, ist es logisch, dass nach einem erfolgten Muskelabbau der Grundumsatz des Körpers sinkt. Deshalb führt die Energiezufuhr, bei der vor der Abnahme das Gewicht stabil geblieben ist, leider nach Beenden der „Diät" wieder zu einer Gewichtszunahme.

Daher Hände weg von Diäten, die eine rasche Abnahme versprechen. Sie machen letztendlich dick und ruinieren die Figur. Das ist tragisch, aber wahr!

Ich nehme an, liebe Leser, dass Sie bereit sind, diesmal einen Weg mit bleibendem Erfolg zum Wunschgewicht zu wählen. Deshalb rufe ich Ihnen die Geschichte der Raupe Nimmersatt in Erinnerung. Sie gönnte sich einen langen Zeitraum, um sich zu einem leichten Geschöpf zu entwickeln. Eingesponnen in einen Kokon, erlebte sie ihre Verwandlung. Darin soll sie uns Vorbild sein.

Ich will Sie behutsam auf dieser Reise führen und begleiten. Alles, was ich Ihnen hier beschreibe, kenne ich persönlich aus eigener Erfahrung. In meinem Buch „LEICHT UND FREI" habe ich MEINEN Weg zum leichten Wesen beschrieben.

Nun gebe ich Ihnen viele Tipps, wie SIE dieses Vorhaben ebenfalls schaffen können.

Sind Sie bereit? Nun, dann: „Auf die Plätze, los!"

Doch halt, halt! Da ist etwas ganz Wichtiges in Betracht zu ziehen.

Vom Start zum Ziel

Blinde Kuh ist ein beliebtes Kinderspiel. Mit verbundenen Augen soll man sich dabei orientieren und den richtigen Weg finden. Bei unserem Vorhaben ist das nicht hilfreich.
Deshalb ist es wichtig, dass Sie Ihren Ausgangspunkt kennen, bevor Sie losgehen. Den erfahren Sie, indem Sie sich Fragen stellen und diese ehrlich beantworten.
Für unsere gemeinsame Reise zum „Schlankwerden und Schlankbleiben“ ist dies unbedingt erforderlich!

Die Standortbestimmung –
Wie Sie sich selbst auf die Schliche kommen

✎ AUFGABE

Erinnern Sie sich, was, wie viel, wann, wie, wo, mit wem und warum Sie heute gegessen haben?

....

....

....

....

Nun, wie ist es Ihnen ergangen? War es leicht für Sie? Konnten Sie sich noch erinnern oder hatten Sie nur einen blassen Schimmer davon? Letzteres kommt oft vor. Viele haben nur eine vage Ahnung von Ihren tatsächlichen Essmengen und Ihren Essgewohnheiten. Bei mir war das auch nicht anders. Ich war sehr erstaunt, was sich mir beim Nachfragen offenbarte. Nachfolgende kleine Geschichten erzählen davon.

✳ STORIES

MEIN LIEBLINGSTIER, DIE NASCHKATZE!

Ich habe von jeher eine große Zuneigung zu allem, was da kreucht und fleucht. Auf meinen Reisen in Afrika war ich immer erstaunt und beglückt von der Schönheit und Einzigartigkeit jedes Tieres, egal, ob es groß oder klein war.

Wenn ich Ihnen aber mein Lieblingstier nennen soll, so kommt mir sofort die Katze in den Sinn, genauer gesagt, die Naschkatze. Ihr fühle ich mich zeitlebens verwandt. Genau wie sie liebe ich süße Schleckereien und bin wählerisch. Auch die Geschicklichkeit, Köstlichkeiten aufzuspüren, zu erjagen und sie genüsslich zu verzehren, teile ich mit ihr. Nur nach vollbrachter (Un-)Tat unschuldig zu erscheinen wie meine Mieze gelang mir nie. Das schlechte Gewissen plagte mich hinterher immer ganz fürchterlich. Dazu kam noch die Reue, wenn ich an meine ohnedies schon mollige Figur dachte.

Eine Naschkatze bin ich auch heute noch, doch habe ich im Laufe der Jahre den maßvollen Umgang mit Süßigkeiten gelernt.

ESSEN IST MEINE LIEBLINGSSPEISE

So heißt ein köstlicher Roman von Ephraim Kishon, den Sie vielleicht kennen. Auf seine einmalige humorvolle Art und Weise beschreibt der Autor darin die verbreitete Neigung des Menschen zum kulinarischen Genuss, ungeachtet des Kalorienterrors und des Schlankheitswahns. Ich habe bei der Lektüre des Buches oft herzlich gelacht. In vielen der beschriebenen Situationen habe ich mich wiedererkannt.

Essen war seit meiner frühen Kindheit meine Lieblingsbeschäftigung. Ich hatte zu jeder Zeit Appetit und mir schmeckte einfach alles gut, einfache Hausmannskost genauso wie raffiniertere Gerichte. Meine Mutter freute sich sehr über meine Esslust, bestätigte ich ihr doch damit, wie gut mir ihre mit Liebe und großer Kochkunst zubereiteten Mahlzeiten schmeckten. Kein Wunder, dass ich schon

mit 8 Jahren ein pummeliges Kind war. Auf meinem Kommunionsfoto sieht man das deutlich. Das änderte sich lange nicht, im Gegenteil. Als meine Eltern ein Lebensmittelgeschäft eröffneten, war ich 12 Jahre alt. Köstlichkeiten wie Wurst, Käse, Gebäck, Schokolade, Kekse waren nun ständig in Reichweite. Oft erlag ich diesen Versuchungen. So wurde aus dem Pummelchen ein fülliger Teenager. Im Jahre 1962 pachtete meine Mutter zusätzlich ein Gasthaus. Ahnen Sie, was nun mit mir passierte?
„Die Wirtin und 's Töchterl war'n g'schmackig und rund ...", heißt es in einem bekannten Wienerlied. Das traf auch auf meine Mutter und mich zu. Wir waren beide wohlgenährt. Zwar mag das eine gute Werbung für ein Wirtshaus gewesen sein, meinem körperlichen Erscheinungsbild war es jedoch eher abträglich. Aus dem Teenager wurde eine große und stattliche junge Frau. Als Ehefrau und Mutter geriet ich völlig aus den Fugen. Ich litt sehr darunter, dass ich durch meine üppigen Proportionen von jeher auffiel.
Heute esse ich noch immer sehr gerne. Essen zählt nach wie vor zu meinen Lieblingsbeschäftigungen. Daneben gibt es aber viele andere Tätigkeiten, die mich zumindest ebenso erfreuen und mich erfüllen. Daher esse ich seltener und weniger.

VOM RICHTIGEN ZEITPUNKT

Auch zu diesem Thema kenne ich Bücher und sogar einen Kalender. Wenn ich mich nicht irre, geht es darin um den Einfluss des Mondes.
„Alles hat seine Zeit", so heißt es schon in der Bibel. Für die Einnahme der Mahlzeiten gibt es natürlich ebenfalls viele vernünftige Empfehlungen. „Frühstücke wie ein König" beziehungsweise „Dinnercancelling" (auf das Abendessen verzichten) sind nur zwei der allgemein bekannten Regeln für gesunde Essenszeiten.
Bei mir war es lange umgekehrt. Ich frühstückte in meiner Jugend wie ein Bettelmann und aß am Abend wie ein König. Zwischen den Mahlzeiten futterte ich so manchen Leckerbissen zusätzlich. Nicht gerade ideal für eine schlanke Figur! Nun, die hatte ich ja auch nicht.

Es dauerte einige Jahre, bis ich mir angewöhnte, meine Mahlzeiten zu figurfreundlichen Zeiten zu essen. Heute gelingt mir das ohne die geringste Mühe. Nur manchmal schlemme ich am Abend, bei besonderen Anlässen wie Feiern oder Einladungen. Doch das sind Ausnahmen und Ausnahmen bestätigen bekanntlich die Regel.

WER IST ALS ERSTER FERTIG?

Mit dieser Frage motiviert man Kinder, sich im Wettbewerb mit anderen besonders zu bemühen und anzustrengen. Dies mag bei sportlichen und spielerischen Veranstaltungen durchaus berechtigt sein oder glauben Sie, ein Läufer würde allein beim 500-Meter-Lauf – um nur ein Beispiel zu nennen – ein so tolles Ergebnis erreichen wie in Konkurrenz mit anderen Sprintern? Doch oft wird obige Frage auch beim Essen gestellt, um langsame Esser zum schnelleren Essen zu veranlassen. Schon im Kindergartenalter lernte ich diese Methode kennen.

Schnell zu essen, beziehungsweise das Essen hinunterzuschlingen, darin war ich Spitze. Wen wundert es, dass ich auf diese Weise natürlich meist zu viel aß.

Erst als ich die Tatsache von der „langen" Leitung erfuhr, die besagt, dass es ungefähr 20 Minuten dauert, bis der Magen an das Gehirn signalisiert: „Ich bin satt!", bemühte ich mich, meine Mahlzeiten auszudehnen und langsamer zu essen. Das war anfangs gar nicht so leicht, doch mit konsequenter Übung gelang es mir immer besser. Heute zelebriere ich meine Mahlzeiten, sooft ich kann. Ein Plus für den Genuss und für eine schlanke Figur!

„PAARWEISE FRESSEN DIE SCHWEINDERL LIEBER!"

Diese Weisheit aus dem bäuerlichen Bereich hörte ich als Kind von meinem Onkel Karl, der eine kleine Landwirtschaft in Loimanns bei Litschau betrieb. Ich durfte einen Teil meiner Sommerferien in dieser idyllischen Gegend verbringen. Mit dem Fuhrwerk, gezogen von den beiden Kühen „Liesi" und „Lotte", aufs Feld zu fahren,

bei der Kornmahd – damals noch mit Sensen – und beim Treschen – eine staubige Angelegenheit – dabei zu sein, bereitete mir viel Freude.
Am schönsten war es aber, wenn sich alle Feldarbeiter zum „Jausnen" – so heißt in Österreich die „Brotzeit" – zusammensetzten. Hausgebackenes Bauernbrot, Bauernbutter, Schmalz, Speck, Bauerngeselchtes und Most wurden ausgepackt und verzehrt. Für Schwerarbeiter eine durchaus notwendige und geeignete Energiezufuhr. Ich war zwar nur auf den Feldern herumgehüpft und hatte wenig geleistet, doch das gemeinsame Essen ließ ich mir immer gut schmecken. Es war daher nicht verwunderlich, dass ich meist zwei Kilo schwerer von meinem Sommeraufenthalt nach Hause zurückkehrte.
In Gesellschaft zu essen, gemeinsam mit lieben Menschen, das mache ich auch heute noch für mein Leben gern. Doch nun stehen die Freude, der Spaß und die Unterhaltung im Mittelpunkt meines Interesses und nicht nur das Essen.

„DIE LIEBE IST EIN SELTSAMES SPIEL. SIE KOMMT UND GEHT VON EINEM ZUM ANDERN ..."
sang Connie Francis, als ich sechzehn Jahre alt war und mich zum ersten Mal verliebte. Hans hieß mein Schwarm. In der Tanzschule hatte ich ihn kennen gelernt. Wenn ich mit ihm zusammen war, spürte ich Schmetterlinge im Bauch und schwelgte in romantischen Träumen von einer gemeinsamen Zukunft. Heute muss ich lachen über meine damalige Naivität, doch für mich stürzte eine Welt ein, als diese Liebelei nach drei Monaten zerbrach und mein „Herzallerliebster" eine neue Liebe gefunden hatte.
In meinem großen Liebeskummer tröstete ich mich mit Bergen von Schokolade und Süßigkeiten. Das half mir zwar kurzfristig, trug aber weiter dazu bei, meine körperliche Fülle zu vergrößern.
In Zeiten, in denen ich traurig und bekümmert war, wendete ich mich lange Zeit immer exzessiv dem Naschen zu, um mir das Leben

zu versüßen. Heute weiß ich, dass alle Süßigkeiten der Welt nicht ausreichen, seelischen Hunger zu stillen.
Erst im „Spiegelgesetz" und der „Spiegelgesetz-Methode®" fand ich ein Mittel, das mir bei seelischem Leiden wirklich hilft und mich befreit.

✎ AUFGABE

Damit auch Sie, liebe Leser, Ihre Essgewohnheiten herausfinden können, stelle ich Ihnen für die nächste Woche folgende Aufgabe: Führen Sie bitte mindestens eine Woche genau Buch, was, wann, wie viel, wo, mit wem und warum Sie essen. Seien Sie so ehrlich wie möglich. Es geht hier um die Bestandsaufnahme. Wählen Sie eine ganz normale Woche ohne besondere Vorkommnisse wie Geburtstagsfeiern, Prüfungsstress und Ähnlichem. Essen Sie wie immer und lassen Sie nichts weg, nur um besser dazustehen. So erhalten Sie am besten ein genaues Bild über sich!

Bestandsaufnahme Beispiel: Tag, Datum

Was, wie viel?	Wann, wo, wie?	Mit wem?	Warum, wie gefühlt?
Semmel, 1 Stk; Butter, ca. 30 g; Marmelade, ½ EL; Orangensaft, 1 Glas; Kaffee/Milch, 2 Tassen	7.30 Uhr zu Hause, schnell	mit der Familie	Frühstück, Hunger, in Eile
Banane, 1 Stück	11 Uhr im Büro, nebenbei	mit einer Kollegin	etwas hungrig, normal
Topfengolatsche, 1 Stück; Cappuccino	12.30 Uhr Mittagspause, schnell	allein	Gusto auf Süßes, angespannt
Schnitten, 1 Päckchen	15 Uhr im Büro, nebenbei	allein	Versuchung, Stress
Schokolade, ½ Tafel	17.30 Uhr im Auto, im Stau	allein	Versuchung, Frust, da zu spät dran
Fleischknödel, 2 Stück; Sauerkraut	19.30 Uhr zu Hause, mit Genuss	mit der Familie	Abendessen, gut
Cola, 2 Gläser; Chips, ½ Sackerl	20.15-22.30 Uhr beim Fernsehen, nebenbei	mit Partner	Versuchung! Gewohnheit, entspannt

Besondere Vorkommnisse:

Montag,

Was, wie viel?	Wann, wo, wie?	Mit wem?	Warum, wie gefühlt?

Besondere Vorkommnisse:

Dienstag,

Was, wie viel?	Wann, wo, wie?	Mit wem?	Warum, wie gefühlt?

Besondere Vorkommnisse:

Mittwoch,

Was, wie viel?	**Wann, wo, wie?**	**Mit wem?**	**Warum, wie gefühlt?**

Besondere Vorkommnisse:

Donnerstag,

Was, wie viel?	**Wann, wo, wie?**	**Mit wem?**	**Warum, wie gefühlt?**

Besondere Vorkommnisse:

Freitag,

Was, wie viel?	**Wann, wo, wie?**	**Mit wem?**	**Warum, wie gefühlt?**

Besondere Vorkommnisse:

Samstag,

Was, wie viel?	Wann, wo, wie?	Mit wem?	Warum, wie gefühlt?

Besondere Vorkommnisse:

Sonntag,

Was, wie viel?	**Wann, wo, wie?**	**Mit wem?**	**Warum, wie gefühlt?**

Besondere Vorkommnisse:

Selbsterkenntnis ist der erste Schritt ...

Feedback

Nun, wie ist es Ihnen ergangen?

Hat Ihnen diese Aufgabe Spaß gemacht oder fanden Sie es mühsam und öd, alles aufzuschreiben? Wie auch immer, glauben Sie mir, Ihre Mühe hat sich gelohnt, wie Sie bei der folgenden Aufgabe merken werden!

✎ AUFGABE

Analysieren Sie nun bitte Ihre Aufzeichnungen!

Was haben Sie besonders gern und oft gegessen?
Wurst, Käse, Nudeln, Brot, Kuchen, Schokolade?
Fettes, Süßes oder beides?

....

....

....

....

Wie viel essen Sie wirklich?
Registrieren Sie alles, was Sie essen,
oder lassen Sie viel unter den Tisch fallen?

....

....

....

Wann essen Sie?
Sind Sie etwa ein Frühstücksmuffel, ein Abendesser, essen Sie viele kleine Happen, über den Tag verteilt, schleichen Sie zu nächtlicher Stunde zum Kühlschrank?

....

....

....

Wie essen Sie?
Essen Sie langsam oder schnell, bewusst oder unkontrolliert?

....

....

Wo essen Sie?
Zu Hause, in der Werksküche, im Gasthaus, am Arbeitsplatz, vor dem Fernsehapparat etc.?

....

....

Mit wem essen Sie häufig?
Mit dem Partner, mit der Familie, mit Kollegen, mit schlanken oder wohlbeleibten Menschen?

....

....

Warum essen Sie?
Weil Sie hungrig sind?
Weil Sie Appetit haben?
Weil Sie schlecht gelaunt sind?

....

....

....

Was haben Sie über sich erfahren?

....

....

....

Wovon sind Sie überrascht?

....

....

....

Sind Sie mit den Ergebnissen Ihrer Aufzeichnungen zufrieden oder unzufrieden?

....

....

Was möchten Sie an Ihren Essgewohnheiten ändern?

....

....

....

Was möchten Sie gerne beibehalten?

....

....

....

Sie denken sich vielleicht, das sind aber viele Fragen, die ich Ihnen stelle. Mir liegt jedoch sehr viel daran, dass Sie diese beantworten.
Denn bevor Sie losgehen, müssen Sie Ihren derzeitigen Standort kennen. Dann erst werden Sie geradewegs auf Ihr Ziel zumarschieren und nicht in die falsche Richtung gehen oder im Kreis herumirren.

In den nächsten Kapiteln dieses Buches werden Sie Informationen und Tipps für Ihren Weg finden, sozusagen einen Reiseführer, der viel Wissenswertes für Ihre Wegstrecke zum Wunschgewicht beinhaltet.

TEIL 2

Schlank werden und schlank bleiben: Wie gelingt das?

„Hokus pokus fidibus! Abrakadabra! Simsalabim!"

Diese Zaubersprüche habe ich alle ausprobiert und bin dennoch keinen Millimeter weitergekommen auf meinem Weg zur schlanken Linie. Aus meiner langjährigen beruflichen Tätigkeit weiß ich, dass fast alle Menschen mit Gewichtsproblemen ein Wunder erhoffen, mit dem sie ihre überflüssigen Kilos auf einmal möglichst ohne Mühe loswerden können. Darum boomen ja alle „Zaubermittel", die auf diesem Gebiet viel versprechen und leider wenig beziehungsweise nichts halten. Speziell am Jahresbeginn, vor dem Sommer und im Herbst sind alle Zeitschriften und Illustrierten voll Wunderdiäten, mit denen man beispielsweise in nur 3 Wochen mindestens 10 Kilo leichter werden kann. Die Realität sieht aber ganz anders aus!
Aus meiner eigenen und beruflichen Erfahrung mit dem Übergewicht kann ich Ihnen dazu nur sagen:

Ohne Umstellung, ohne Veränderungen, ohne Lernen, ohne Änderung Ihrer Einstellung geht es nicht.

Das gelingt natürlich nicht von heute auf morgen. Das ist ein langsamer Prozess. Behalten Sie immer das Bild von der Raupe im Kopf! Eine Raupe, die immer nur Raupe bleiben will, wird niemals ein Schmetterling! Nur durch die Verpuppung kann sie sich zum Schmetterling entwickeln. Das ist auch bei Ihnen so und nicht anders.

„Herr, schick mir Geduld, aber bitte sofort!“

Müssen Sie auch schmunzeln über diesen Ausspruch?
Ein typisches Merkmal unserer heutigen Zeit ist, alles muss möglichst schnell gehen! Wir sind die „Instant-Gesellschaft“. Vergleichen Sie zum Beispiel die Kochmethoden von früher und von heute.

✳ STORIES

Als meine Söhne zur Schule gingen, war es für mich noch selbstverständlich, täglich frisch zu kochen. Ob Kartoffelpüree, Tomatensauce oder Zwetschkenknödel, ich bereitete dies alles eigenhändig aus Kartoffeln, Tomaten und Zwetschken zu. Sogar den Kartoffelteig stellte ich selbst her. Das brauchte viel Zeit, schmeckte dafür aber köstlich. Heute verwende ich für obige Gerichte fast ausschließlich Halbfertigprodukte, manchmal sogar Fertigprodukte. An ein von mir selbst gemachtes Kartoffelpüree kann ich mich fast nicht mehr erinnern, Zwetschkenknödel kommen meist aus der Tiefkühltruhe. Bei berufstätigen Hausfrauen und Müttern bzw. in Single-Haushalten sieht es meist noch schlechter aus. Hier hat „Fastfood“ auf allen Tellern Einzug gehalten, wenn überhaupt von Tellern gegessen wird.

Glauben Sie bitte nicht, dass ich vom Fortschritt nichts halte, im Gegenteil, in vielen Bereichen bin ich voll dafür. Ich könnte mir zum Beispiel ein Leben ohne Computer nicht mehr vorstellen. Ich finde es toll, per E-Mail sofort erreichbar und per Internet mit aller Welt verbunden zu sein. Dennoch schreibe und erhalte ich liebend gern Briefe. Mir ist, als ob ich beim Briefeschreiben viel intensiver und persönlicher mit dem Empfänger verbunden wäre.

Wenn Sie sich nun aufmachen, Ihre Gewichtssituation zu ändern, nehmen Sie sich dafür Zeit. Sonst erreichen Sie Ihr Ziel schwer oder überhaupt nicht. Vergessen Sie die „Siebenmeilenstiefel“. Gehen Sie Schritt für Schritt, auch ein Rückschritt oder Wechselschritt darf vorkommen. Nehmen Sie sich auch nicht zu viel vor!

Finden Sie es nicht besser, statt kurzfristig 5 Kilo in einem Monat, 10 Kilo in einem Jahr loszuwerden, das aber für immer? Die meisten Menschen scheitern an Ihrem Vorhaben, weil sie sich zu viel auf einmal vornehmen und sich damit überfordern. Vor lauter Begeisterung wollen sie alles auf einmal umkrempeln und resignieren beim ersten Fehler.
„Gut Ding braucht Weile", hat schon meine Großmutter gesagt. Haben Sie daher bitte Geduld!

„ICH WEISS, WAS ICH WILL ...",
singt Udo Jürgens in einem seiner Lieder. Genau zu wissen, was man will, ist ein wichtiger Erfolgsfaktor, wenn man ein Ziel erreichen will. Mir persönlich hat es sehr geholfen, mir das ersehnte Wunschbild in allen Einzelheiten vorzustellen, wie wenn ich es schon erreicht hätte. Das hat mich stark motiviert, am Ball zu bleiben und durchzuhalten, besonders in Krisenzeiten. Versuchen Sie es doch auch gleich einmal! Schließen Sie die Augen! Atmen Sie einige Male tief ein und aus! Entspannen Sie sich! Sehen Sie sich nun selbst wie auf einer Kinoleinwand, wie Sie rank und schlank im Badeanzug am Meeresstrand sind. Sehen Sie Ihre wohlgeformte Figur. Sie bewegen sich leicht und anmutig. Spüren Sie die bewundernden Blicke, die wohlgefällig auf Ihnen ruhen und hören Sie die Komplimente, die Ihrem tollen Aussehen gelten. Freuen Sie sich, dass Sie Ihr Ziel, schlank zu werden, erreicht haben und seien Sie stolz auf sich. Ist es nicht ein wunderbares Gefühl, es geschafft zu haben?
Diese einfache Technik des Visualisierens können Sie immer anwenden, wenn Sie merken, dass Ihre Begeisterung nachlässt.

„DISZIPLIN IST ALLES IM LEBEN!"
Dieses Zitat wird Marlene Dietrich zugeschrieben und die berühmte Hollywooddiva musste es schließlich wissen. Was oft für den Laien so einfach und mühelos aussieht, dahinter stecken enorme

Disziplin und stundenlanges tägliches Training. Talent ist wichtig, doch ohne Training und Disziplin kommt es selten zum Tragen und verkümmert. Denken Sie an erfolgreiche Menschen, ganz gleich auf welchem Gebiet, an Spitzensportler, an berühmte Künstler, kurzum an jeden, der auf irgendeinem Gebiet eine überragende Leistung erbringt. Jeder von ihnen benötigte Disziplin, um sein Ziel zu erreichen. Dies gilt auch für unser gemeinsames Vorhaben.

Die 6 Schlüssel zum Wunschgewicht

1) Gezielt etwas weniger essen!
2) Gezielt etwas mehr bewegen!
3) Achten Sie auf Ihr Essverhalten!
4) Achten Sie auf Ihre Gedanken!
5) Stellen Sie sich Ihren Gefühlen!
6) Ihr Körper und Ihr Gewicht sind Ihr Spiegelbild!
   Das Spiegelgesetz als wichtigster Schlüssel zum Schlankwerden und Schlankbleiben!

Der erste Schlüssel: Gezielt etwas weniger essen!

Meterweise Bücher! Keine Diät ist mir fremd!

In meinen Bücherregalen gibt es meterweise Bücher mit Diätempfehlungen und Rezepten. Ich wage sogar zu behaupten, dass kaum ein Buchhit auf dem Sektor „Abnehmen" fehlt. Außerdem gibt es kaum eine Diät, die ich nicht kenne. Viele davon habe ich mit mehr oder weniger Erfolg am eigenen Leib ausprobiert. Manche davon haben mir zugesagt, einige davon hielt ich nicht länger als ein paar Tage durch, so grauslich fand ich sie. Allen gemeinsam war aber, dass sie meine Nahrungszufuhr sehr einschränkten, entweder durch die geringe Menge oder durch die geringe Auswahl an Speisen, die

mir zur Verfügung standen. So konnte ich mich mit einem Liter Buttermilch und drei Bananen pro Tag nur für zwei Tage anfreunden, am dritten Tag schmeckte es mir nicht mehr, bei der Eier-Kur, bei der Hollywooddiät, um nur ein paar von meinen Fehlversuchen zu nennen, erging es mir ähnlich.
Erfolgreich war ich erst, als ich eine vielseitige, ausgewogene Ernährungsweise zum Schlankwerden kennen lernte. Aus meiner eigenen und beruflichen Erfahrung in Kursen zum Abnehmen weiß ich, dass einseitige, radikale Diätempfehlungen keinen bleibenden Erfolg bringen, im Gegenteil, die meisten Menschen werden dadurch erst richtig übergewichtig. Verbote jeder Art führen ebenfalls dazu, lange entbehrte Nahrungsmittel im Übermaß zu verzehren. Glauben Sie mir, ich weiß, wovon ich spreche bzw. schreibe. Bei mir wurde zum Beispiel aus einem Riegel Schokolade eine 300-g-Tafel, die ich bei Fressanfällen verschlang.
Ich empfehle ich Ihnen daher, machen Sie keine Experimente, sondern wählen Sie eine gesunde, ausgewogene Ernährungsform, bei der ALLE Nahrungsmittel erlaubt sind. Essen Sie in Maßen und nicht in Massen. Wie in der Medizin gilt auch hier der Grundsatz von der „richtigen Dosis", ob Sie geheilt werden oder sich vergiften.

Das Märchen von FdH (sprich: Friss die Hälfte)

Schon in meiner Jugendzeit war ich unglücklich über meine Leibesfülle. Oft habe ich in Gegenwart meiner überwiegend schlanken Freundinnen und Bekannten darüber gejammert. Ich hörte dann meist den Ratschlag: „Iss halt weniger. Iss die Hälfte!" Ich bin sicher, Sie kennen diesen Tipp ebenfalls. Heute muss ich dem deutlich widersprechen. Um erfolgreich schlank zu werden, soll man nicht weniger essen, sondern das Richtige. Mein lieber Mann war sehr verwundert, dass mein Teller immer reichlich voll war, als ich 1976 in einer Gruppe der „Gewichtsexperten" 20 Kilo verlor. „Du nimmst sicher nicht ab, wenn du so viel isst!", war der Te-

nor seiner Worte. Er hat sich getäuscht. Die Menge machte es nicht aus. WAS auf dem Teller lag, das war entscheidend.
Ich nehme an, lieber Leser, dass Sie ohnedies viel über gesunde, schlankheitsfördernde Ernährung wissen. Es gibt sehr viel gute Literatur mit ausführlichen Anleitungen und Beschreibungen dazu. Aus dieser Vielfalt will ich Ihnen einige empfehlen (siehe Anhang).
Ich möchte Sie in diesem Buch informieren, was ICH im Laufe der Jahre FÜR MICH für gut und richtig gefunden habe, und ich bringe neben meiner eigenen Erfahrung auch Wissen aus meiner beruflichen Praxis ein. *Essen Sie künftig mehr, aber das Richtige!*

Empfehlungen für eine gesundheitsbewusste und schlanke Lebensweise

Die richtige Lebensmittelauswahl:

- Getreide, Getreideprodukte, Reis und Kartoffeln, Hülsenfrüchte
- Gemüse und Obst – 5-mal am Tag
- Eier, Fleisch und Wurst – weniger ist mehr
- Fische und Meeresfrüchte
- Milch und Milchprodukte
- Fett – Qualität statt Quantität
- Zucker und Süßwaren reduzieren
- weniger Salz, dafür frische Kräuter und Gewürze
- Getränke (Wasser, Mineralwasser, Früchte- oder Kräutertee, verdünnte Obstsäfte)
- mäßig Alkohol

Empfehlungen für eine gesunde Ernährung zum Abnehmen

Wöchentlich:

Fisch, Geflügel, Fleisch, Wurstwaren, Eier:

Mindestens 1- bis 2-mal Fisch (120 g – 150 g pro Portion),
Höchstens 2- bis 3-mal Fleisch (100 g – max.150 g pro Portion),
Höchstens 2- bis 3-mal Wurst (50 g pro Portion),
Höchstens 4 Eier (auch verkochte zählen mit).

Täglich:
Milch und Milchprodukte:
¼ l fettarme Milch und/oder Milchprodukte (Joghurt, Buttermilch) und/oder fettarmen Käse (ca. 30 g).

Fette und Öle:
20 g Halbfettmargarine oder 10 g Pflanzenmargarine,
1–2 Esslöffel hochwertiges Pflanzenöl zum Kochen und für Salate (z.B. Olivenöl, Maiskeimöl, Weizenkeimöl, Rapsöl),
wenig Butter.

Brot, Getreide und Getreideprodukte, Kartoffeln, Reis:
4 Scheiben Brot (200 g),
Kartoffeln (200 g) oder 1 Portion Nudeln, Reis (Rohgewicht 50 g)

Gemüse, Salat, Obst:
300 g Gemüse (davon 100 g Rohkost oder mehr),
Salat,
1–2 Stück frisches Obst (150 g bis 300 g).

Getränke:
1 ½ l bis 2 l Flüssigkeit oder mehr.
Bevorzugen Sie Wasser, Mineralwasser, ungesüßten Früchte- oder Kräutertee, verdünnte Obstsäfte.
Trinken Sie Kaffee und schwarzen Tee in Maßen, schränken Sie den Alkoholkonsum ein!

Es kann sein, dass sich Ihre Nahrungsmittelauswahl von obigen Empfehlungen enorm unterscheidet. Grämen Sie sich bitte nicht. Bei mir war das nicht anders.
So beschränkte sich mein Gemüsekonsum früher auf maximal drei Blatt Salat. Kartoffeln aß ich dafür viel, jedoch in Form von Erdäpfelsalat mit Mayonnaise, Erdäpfelknödeln und Pommes frites.

Heute bekomme ich Entzugserscheinungen, wenn es kein bzw. wenig Gemüse auf meinem Teller gibt, wie es im Urlaub manchmal der Fall ist.
Auch beim Trinken bedurfte es einer Umgewöhnung. Früher trank ich literweise Kaffee, hatte aber sonst wenig Durst. Heute trinke ich weniger Kaffee (dazu jedes Mal ½ l Wasser). 1 ½ l stilles Mineralwasser oder mehr zu trinken, zählt ebenfalls zu meinen selbstverständlichen Gewohnheiten.
Ebenfalls in Fleisch und Blut übergegangen ist mir, viel weniger Fett zu verwenden. So benötige ich nur einen Bruchteil der früheren Fettmenge zum Kochen und als Brotaufstrich. Es schmeckt mir, meiner Familie und auch Gästen trotzdem gut.
Das geschah nicht von heute auf morgen, doch mit gutem Willen, Disziplin und neuen, leckeren Rezepten gelang es mir, meine Essgewohnheiten *bleibend* zu verändern.
Wenn Sie nun darangehen, ein wichtiger Tipp zu Beginn:
Stellen Sie bitte nicht alles auf einmal um. *Schritt für Schritt* gelingt es Ihnen am besten! Nicht, was Sie in einem Monat abnehmen, zeigt Ihren Erfolg, sondern wie viel Sie in einem Jahr schaffen und ob es Ihnen gelingt, für immer schlank zu bleiben!

Fett macht fett, aber ohne Fett geht es auch nicht!

Fett hat im Vergleich zu Eiweiß und Kohlenhydraten mehr als doppelt so viele Kalorien. Der Fehler in unserer heutigen Ernährung liegt eindeutig an dem „Zu-viel-an-Fett". Ohne Fett geht es aber auch nicht, denn Fett ist für unseren Körper lebensnotwendig.
Es erfüllt wichtige Aufgaben:

- Energielieferant
- Lieferant von essenziellen (lebensnotwendigen) Fettsäuren (z.B. Linolsäure)
- Zur Aufnahme von fettlöslichen Vitaminen notwendig (A, D, E, K)
- Pflanzliche Öle sind wichtige Lieferanten von Vitamin E.

Qualität statt Quantität

Gesättigte Fettsäuren erhöhen den Blutcholesterinspiegel. Ein hoher Anteil von ihnen findet sich in tierischen Fetten wie Butter und Schmalz, in Fleisch und Wurst, unter der Haut von Geflügel usw.

Einfach ungesättigte Fettsäuren findet man im Oliven- und Rapsöl.

Mehrfach ungesättigte Fettsäuren haben eine Cholesterinspiegel senkende Wirkung. Sie sind vor allem in pflanzlichen Ölen und Pflanzenmargarine enthalten.

Omega-3-Fettsäuren sind eine spezielle Form der mehrfach ungesättigten Fettsäuren. Sie tragen wesentlich zur Vorbeugung von Herz-Kreislauf-Erkrankungen bei. Omega-3-Fettsäuren finden sich vor allem im Seefisch (Lachs, Makrele, Thunfisch).

Wo verstecken sich Fette?

Versteckte Fette sind unsichtbare Fette in Fleisch, Wurst, Käse, Milch und Milchprodukten, Knabbergebäck, Süßigkeiten etc. Geben Sie fettarmen Produkten den Vorzug!

Fett-Spar-Tipps

- Bevorzugen Sie fettarme Lebensmittel.
- Bedenken Sie, dass in Fleisch, Wurst, Käse und Süßigkeiten oft viele versteckte Fette enthalten sind.
- Achten Sie auf den Fettgehalt bei Milch und Milchprodukten.
- Bevorzugen Sie fettarme Zubereitungsmethoden (grillen, dämpfen, dünsten).
- Entfernen Sie die Haut bei Geflügel, schneiden Sie beim Fleisch das sichtbare Fett ab.
- Verwenden Sie zum Kochen beschichtete Pfannen und geben Sie das Fett erst in die erhitzte Pfanne. Es verteilt sich besser.
- Verwenden Sie zum Abmessen von Fett ein genormtes Maß, z.B. einen Teelöffel oder Esslöffel.

Alles, was schmeckt, macht dick, oder?

Ich kann mir gut vorstellen, dass Sie beim Lesen obiger Empfehlungen so denken. Doch ich kann Sie beruhigen. Ich weiß aus eigener Erfahrung, dass auch leichtere, sprich fettärmer gekochte Speisen gut schmecken. Allerdings habe ich mir seinerzeit Mühe gegeben, FÜR MICH leichte, köstliche Gerichte zu kreieren. Das war ein großer Vorteil. Denn dadurch hatte ich weiter Lust und Spaß beim Essen und ich ersparte mir zweierlei Mahlzeiten zu kochen, da es meiner Familie und Gästen auch vorzüglich schmeckte. Viele andere Übergewichtige profitierten von meinen „leichten" Rezepten, die in einigen Kochbüchern mit dem Titel „ICH FÜR MICH" bei der Organisation angeboten wurden, bei der ich 25 Jahre lang als Kursleiterin tätig war. Ein Plus für die Figur und für Gesundheit!

Eine gesunde Ernährungsweise schließt Genuss und Lebensfreude nicht aus!

Essen soll für alle Genuss und Vergnügen bedeuten, auch und besonders dann, wenn Sie (noch) nicht zu den „Leichtgewichten" zählen. Lassen Sie sich die Freude am Essen nicht verderben, indem Sie alles, was Sie essen, durch die „Kalorienbrille" betrachten. Ich habe meine Lebensmittel lange Zeit in die guten und die schlechten eingeteilt. Raten Sie, welche mir besser geschmeckt haben! Heute mache ich diese Unterscheidungen nicht mehr. Ich esse, worauf ich Lust habe. Bei besonderen Ereignissen wie Festen, Feiern und Einladungen genieße ich, ohne an die Folgen auf der Waage zu denken. Dafür bremse ich mich automatisch in den nächsten Tagen etwas ein und bewege mich mehr.

✳ ZUM NACHDENKEN

Man nimmt nicht zwischen Weihnachten und Neujahr zu, sondern zwischen Neujahr und Weihnachten!

Gezielt weniger essen bringt garantiert Kilos zum Schwinden. Wenn Sie zusätzlich Sport betreiben, kommt Ihr Stoffwechsel in Schwung, das heißt, Sie nehmen schneller und gesünder ab. Widmen wir uns daher in Kürze dem zweiten Schlüssel zum Wunschgewicht!

Meine Ziele zur Essensänderung
✎ AUFGABE

Beispiel:

1. Ziel: Mehr Obst/Gemüse essen
2. Ziel: Mehr trinken
3. Ziel: Weniger naschen
4. Ziel: Weniger Fleisch/Wurst essen

1. Ziel:
Ab morgen (Datum) esse ich täglich 2 Stück Obst sowie 200 g Gemüse in Form von Rohkost oder/und Salat.

Ergebnis:
Mein Vorhaben ist mir an 11 Tagen gelungen, nur an 3 Tagen ist es mir misslungen.

1. Woche	**2. Woche**
1. Tag: <u>Ja</u> / Nein	1. Tag: <u>Ja</u> / Nein
2. Tag: <u>Ja</u> / Nein	2. Tag: <u>Ja</u> / Nein
3. Tag: <u>Ja</u> / Nein	3. Tag: Ja / <u>Nein</u>
4. Tag: <u>Ja</u> / Nein	4. Tag: <u>Ja</u> / Nein
5. Tag: <u>Ja</u> / Nein	5. Tag: Ja / <u>Nein</u>
6. Tag: Ja / <u>Nein</u>	6. Tag: <u>Ja</u> / Nein
7. Tag: <u>Ja</u> / Nein	7. Tag: <u>Ja</u> / Nein

Ihre Ziele:

1. ....

2. ....

3. ....

4. ....

5. ....

Platz für Post-its

1. Ziel:

....

....

Ergebnis:

....

....

1. Woche	2. Woche
1. Tag: Ja / Nein	1. Tag: Ja / Nein
2. Tag: Ja / Nein	2. Tag: Ja / Nein
3. Tag: Ja / Nein	3. Tag: Ja / Nein
4. Tag: Ja / Nein	4. Tag: Ja / Nein
5. Tag: Ja / Nein	5. Tag: Ja / Nein
6. Tag: Ja / Nein	6. Tag: Ja / Nein
7. Tag: Ja / Nein	7. Tag: Ja / Nein

2. Ziel:

....

....

Ergebnis:

....

....

1. Woche	2. Woche
1. Tag: Ja / Nein	1. Tag: Ja / Nein
2. Tag: Ja / Nein	2. Tag: Ja / Nein
3. Tag: Ja / Nein	3. Tag: Ja / Nein
4. Tag: Ja / Nein	4. Tag: Ja / Nein
5. Tag: Ja / Nein	5. Tag: Ja / Nein
6. Tag: Ja / Nein	6. Tag: Ja / Nein
7. Tag: Ja / Nein	7. Tag: Ja / Nein

3. Ziel:

....

....

Ergebnis:

....

....

1. Woche	2. Woche
1. Tag: Ja / Nein	1. Tag: Ja / Nein
2. Tag: Ja / Nein	2. Tag: Ja / Nein
3. Tag: Ja / Nein	3. Tag: Ja / Nein
4. Tag: Ja / Nein	4. Tag: Ja / Nein
5. Tag: Ja / Nein	5. Tag: Ja / Nein
6. Tag: Ja / Nein	6. Tag: Ja / Nein
7. Tag: Ja / Nein	7. Tag: Ja / Nein

4. Ziel:

....

....

Ergebnis:

....

....

1. Woche	2. Woche
1. Tag: Ja / Nein	1. Tag: Ja / Nein
2. Tag: Ja / Nein	2. Tag: Ja / Nein
3. Tag: Ja / Nein	3. Tag: Ja / Nein
4. Tag: Ja / Nein	4. Tag: Ja / Nein
5. Tag: Ja / Nein	5. Tag: Ja / Nein
6. Tag: Ja / Nein	6. Tag: Ja / Nein
7. Tag: Ja / Nein	7. Tag: Ja / Nein

5. Ziel:

....

....

Ergebnis:

....

....

1. Woche	2. Woche
1. Tag: Ja / Nein	1. Tag: Ja / Nein
2. Tag: Ja / Nein	2. Tag: Ja / Nein
3. Tag: Ja / Nein	3. Tag: Ja / Nein
4. Tag: Ja / Nein	4. Tag: Ja / Nein
5. Tag: Ja / Nein	5. Tag: Ja / Nein
6. Tag: Ja / Nein	6. Tag: Ja / Nein
7. Tag: Ja / Nein	7. Tag: Ja / Nein

Der zweite Schlüssel: Gezielt etwas mehr bewegen

Laut Umfrageergebnissen bezeichnet sich die Mehrzahl der Österreicher als sportlich. Geht man der Sache aber auf den Grund, stellt sich meist heraus, dass sich deren sportliche Aktivitäten auf eine Woche Ski fahren im Winter und auf einige Male schwimmen im Sommer beschränken, vorausgesetzt es herrschen Badetemperaturen. Herr und Frau Österreicher widmen sich eher passivem Sportgeschehen via Fernsehen, wie der Sänger Rainhard Fendrich so treffend in seinem Lied *„Es lebe der Sport"* besingt. *„No sports"*, der Ausspruch des ehemaligen britischen Premierministers Sir Winston Churchill ist ein allseits bekanntes und beliebtes geflügeltes Wort geworden. Wenn ich als Kursleiterin in meiner Gruppe über die Vorteile von Bewegung für die Gesundheit und besonders fürs Abnehmen sprach, bemerkte ich oft, wie viele Kursteilnehmer die Augen verdrehten, weghörten und geistig abschalteten.
Ich nehme an, Sie, verehrte Leser, verhalten sich nicht viel anders. Auch ich konnte mich viele Jahre meines Lebens nicht für sportliche Tätigkeiten erwärmen.

„Moving on up, moving on up! ... Nothing can stop me!",
singt die Sängerin der Gruppe M PEOPLE mit ihrer klangvollen Stimme und regt mich an, mich flott nach dem mitreißenden Rhythmus dieses Songs zu bewegen.
„Ich beweg mich immerzu, ich beweg mich immerzu, ... nichts kann mich davon abhalten!"

✳ STORIES
Dieser Devise habe ich viele Jahre meines Lebens wenig bzw. nichts abgewinnen können. Ich gehörte schon in meiner Volksschulzeit zu den „Bewegungsmuffeln", ein typischer „Coachpotatoe" würde man heutzutage sagen. Ich saß viel lieber stundenlang in meinen

Büchern versunken. In meiner Fantasie nahm ich zwar teil an den tollkühnen Abenteuern der Helden und Heldinnen meiner Märchenwelt. Mein wirkliches Leben war leider wenig erlebnisreich. Da meine Eltern beide berufstätig waren, blieb ich meist mir selbst überlassen, das heißt, ich war viel allein zu Hause. Meine sportlichen Tätigkeiten beschränkten sich auf meinen kurzen Schulweg, auf die Turnstunden und hie und da auf einen Fußmarsch zu meiner Großmutter, die etwa eine Dreiviertelstunde von uns entfernt wohnte. Der Turnunterricht war mir von Anfang an verhasst, denn da ich die Größte in meiner Klasse war, musste ich jede Turnübung als Erste absolvieren. Dabei war ich so ungeschickt, dass mich meine Klassenkameradinnen oft auslachten, so komisch sahen meine turnerischen Darbietungen aus, höchstens bei Ballspielen konnte ich mitunter glänzen. Auch in meiner Mittelschulzeit wurde meine Leistung im Turnunterricht nicht besser und ich erfand alle möglichen und unmöglichen Ausreden, um mich vor der Turnstunde zu drücken. Logische Folge, oft verunzierte ein Befriedigend in Leibesübungen mein ansonsten ausgezeichnetes Zeugnis.
Wen wundert es daher, dass Bewegung und Sport lange nicht mein Ding waren. Erst als ich meinen Mann kennen und lieben lernte, freundete ich mich so nach und nach damit an.

DAS WANDERN IST DES WERNERS LUST!
„Das Wandern ist des Müllers Lust, das Wandern ist des Müllers Lust, das Wandern!“ Sicher kennen Sie alle dieses Volkslied und haben es schon oft gesungen.
Mein lieber Mann namens Werner wandert leidenschaftlich gern. Stundenlang auf Schusters Rappen durch Gottes weite und reiche Natur zu traben, zählt zu seinen persönlichen Lieblingsbeschäftigungen. Ich war es zwar nicht gewohnt, so „sinnlos durch die Gegend zu rennen“, wie ich dies am Anfang unserer Bekanntschaft bezeichnete, aber was macht man nicht alles, wenn man frisch verliebt ist. Siehe da, ich fand Gefallen an unseren gemeinsamen Wan-

derungen. Als unsere beiden Söhne Kleinkinder waren, unternahmen wir viele wunderschöne Touren im Wienerwald. Ich erinnere mich, wie wir einmal beinahe die Reißalpe mit dem Kinderwagen bezwangen. Ich möchte diese schöne Zeit nicht missen.
Eine erschwerende Sache gab es allerdings. Wenn es einige Zeit bergauf ging, wurde mein Gesicht immer röter und länger und meine Laune immer verdrießlicher. Bald stimmten auch meine beiden Buben in mein Raunzen ein. Meine schlechte Laune war leicht erklärbar. Ich wog damals bestimmt zwanzig Kilos zu viel und es bereitete mir natürlich mehr Mühe, mein Gewicht bergauf zu schleppen, als meinem schlanken, sportlichen Ehemann. Als ich 1976 mein Übergewicht abbaute, konnte ich mich überzeugen, um wie viel leichter es war, schlank und ohne zusätzliche Gewichtsbelastung Berge zu erklimmen. Es machte mir sofort viel mehr Spaß. Wenn ich heute mit meinem Mann auf Wanderschaft bin, kommt es vor allem beim Bergaufgehen vor, dass ich schneller unterwegs bin als er und das beinahe mühelos. Wer hätte das einmal von mir gedacht?

Nun, wie ist das bei Ihnen, liebe Leser? Bewegen Sie sich gern oder ist „Sport ist Mord“ Ihre Devise? Wenn ich Ihnen die Vorteile von sportlichen Aktivitäten für Ihr Gewicht und Ihre Figur aufzähle, so werden Sie sicher anders darüber denken.

Folgende Vorteile sollen Sie überzeugen:
- Durch Bewegung verbrauchen Sie mehr Kalorien.
- Sie bringen den Stoffwechsel in Schwung.
- Sie sorgen vor, dass beim Abnehmen die Fettpölsterchen verschwinden und das wertvolle Muskelgewebe großteils erhalten bleibt.
- Wer mehr Muskeln hat, kann mehr essen, ohne zuzunehmen, da Muskeln mehr Kalorien verbrauchen als Fettgewebe.
- Ihre Figur wird straffer und Ihr Aussehen verbessert sich.
- Sie werden und Sie bleiben leichter schlank!

Nun, haben Sie meine Argumente überzeugt?
Auf Dauer erfolgreich schlank zu bleiben, gelingt nur mit der Kombination aus bewusster Ernährung und vermehrter körperlicher Aktivität.

Bringen Sie mehr Bewegung in Ihr Leben!
Keine Angst! Sie müssen nicht gleich zum Spitzensportler werden. Es gibt Tag für Tag genug Gelegenheiten, seine körperliche Fitness zu trainieren. Halten Sie Ausschau nach jeder sich bietenden Gelegenheit, sich zu bewegen. Sie werden staunen, wie viele Sie entdecken werden.
Aus eigener Erfahrung möchte ich Ihnen einige Tipps verraten.

Tipps für mehr Bewegung im Alltag:
- Machen Sie täglich ein wenig Gymnastik und Dehnungsübungen.
- Nehmen Sie bewusst die Treppen statt des Lifts und der Rolltreppe oder gehen Sie zumindest auf der Rolltreppe.
- Nutzen Sie jede Gelegenheit, einige Schritte in der frischen Luft zu gehen.
- Erledigen Sie kurze Wegstrecken zu Fuß oder mit dem Fahrrad statt mit dem Auto.
- Steigen Sie bei öffentlichen Verkehrsmitteln eine Station früher aus und gehen Sie zu Fuß nach Hause.
- Erledigen Sie Hausarbeiten, wie zum Beispiel Aufräumen, zügig und kraftvoll.
- Rasen mähen, umstechen, Unkraut jäten können Sie als sportliche Tätigkeiten nützen.
- Spannen Sie sooft wie möglich die Muskeln an und halten Sie die Spannung 10 Sekunden, dann lassen Sie locker.
- Tanzen Sie zu flotter Musik fröhlich durch die Wohnung.
- Toben Sie ausgelassen mit Kind- und Kindeskindern oder mit Ihrem Hund im Garten und im Park umher.

Ein überzeugendes Argument:
Laut erwiesenen Untersuchungen bringt allein ein *zusätzlicher 15-minütiger Spaziergang täglich in einem Jahr eine Abnahme von 5 Kilo*. Das ist bestimmt ein einleuchtendes Argument für ein Plus an Bewegung. Sie sind sich doch diese 15 Minuten sicher wert!

Der Geist ist zwar willig, aber das Fleisch ist schwach!
Vermutlich haben Sie sich im Laufe Ihres Lebens schon einige Male ernsthaft vorgenommen, mehr Bewegung in Ihr Leben zu bringen. Speziell am Beginn eines neuen Schuljahres und zu Silvester werden gute Vorsätze in dieser Hinsicht geschmiedet. Vielleicht haben Sie voll Elan eine Jahreskarte für einen Fitness-Club gekauft und brachten wirklich eine Zeit lang die Energie und Disziplin auf, regelmäßig dorthin zu pilgern und zu trainieren, oder Sie haben sich entschlossen, jeden Morgen eine Runde zu joggen, und dies auch einige Tage oder Wochen durchgehalten. Wirklich Spaß haben Ihnen Ihre sportlichen Ambitionen jedoch nie gemacht. So eine Anstrengung, so ein Zeitaufwand und erst das Schwitzen! Schnell haben Sie die Lust verloren.
Nun, wie ging es weiter? Zuerst setzten Sie einen Tag aus, dann kamen Sie eine ganze Woche nicht zum Trainieren. Dann war das Wetter zu schlecht, dann kam überraschend Besuch an Ihrem Trainingstag ...
Woher ich das so genau weiß? Glauben Sie mir, ich kenne diese Ausreden alle aus eigener Erfahrung!

„Der innere Schweinehund“
Es gibt nämlich einen gerissenen Saboteur, der eifrige Bemühungen gerne zunichte macht. Sie kennen ihn sicher. Er ist allseits unter dem Namen „innerer Schweinehund“ bekannt.
Oft habe ich mit diesem listenreichen Tier zu tun gehabt und es an meinem Busen genährt, bis zu dem Tag, an dem ich MICH und MEINE EINSTELLUNG verändert habe (siehe Schlüssel 4). Seit-

her gehört sportliche Bewegung zu meinem Tagesablauf. Die erfreuliche Konsequenz: Ich fühle mich jetzt viel wohler in meiner Haut, bin vitaler und lebendiger!
Wichtig für Ihr Beginnen ist daher:
Sport muss Spaß machen, genauso wie das Essen schmecken soll!

Tipps für mehr Spaß am Sport

- Betreiben Sie Sport *gemeinsam* mit Freunden oder Familienangehörigen.
- Besuchen Sie einen *für Sie passenden* Gymnastikkurs. Nutzen Sie die Möglichkeit einer Schnupperstunde und entscheiden Sie sich dann.
- Vermeiden Sie „Fadesse" am Hometrainer! Trainieren Sie zu flotter Musik oder bei einer interessanten Sendung vor dem Fernsehapparat.
- Gönnen Sie sich regelmäßig einen Besuch im Hallenbad, nehmen Sie an der Aquafit-Gymnastik teil und belohnen Sie sich anschließend mit einem entspannenden Saunabesuch oder einer Massage.

3 Mal 30 Minuten

Wenn Sie Ihren Fettpölsterchen wirksam zu Leibe rücken wollen, brauchen Sie eine Sportart, die Sie 3-mal pro Woche mindestens 30 Minuten durchführen können. Sehr gut eignen sich dafür ein flotter Spaziergang, Walking, Nordic Walking (ist mein absoluter Lieblingssport geworden), Radfahren, Schwimmen, Skilanglauf sowie Trainieren auf dem Hometrainer!

Tipps für den erfolgreichen Beginn

- Planen Sie Ihre gewählte sportliche Aktivität und tragen Sie sich den Termin dafür fix in Ihrem Kalender ein. Halten Sie diesen Termin unbedingt ein. Feste Termine sind wichtig zur Verwirklichung Ihrer Vorhaben.

- Trainieren Sie möglichst stets zur selben Zeit. So wird es zur lieben Gewohnheit.
- Fangen Sie klein an und steigern Sie sich nach und nach. Überfordern Sie sich nicht! Überforderung gilt als Motivationskiller Nummer 1 und ist somit eine der häufigsten Ursachen für das Scheitern neuer Vorsätze.

Wie schon erwähnt, hat regelmäßige Bewegung nicht nur auf der Waage Auswirkungen, Sie merken es an Ihrer verbesserten Fitness und Ihrem körperlichen Wohlbefinden.

Seit einigen Wochen besuche ich einen Musikgymnastikkurs der Volkshochschule Hietzing. Ich bin zufällig in eine äußerst sympathische, humorvolle Seniorentruppe geraten. Unter Anleitung einer kompetenten, dynamischen Trainerin haben wir alle so viel Spaß und Freude an der Bewegung!
Unser Motto: Gymnastik mit Schwung hält uns jung! Dehnen und strecken erspart uns den Stecken!
Dem ist nichts mehr hinzuzufügen, meinen sie nicht auch?

Genug der Informationen und der guten Tipps. Jetzt geht es los!

„These boots are made for walking ... Are you ready, boots?
Just walk!",
sang Nancy Sinatra in den 70er Jahren und regte damit zum flotten Marschieren an. Dies gilt nun auch für Sie!

Achtung, fertig, los!

✎ AUFGABE

Bringen Sie in der nächsten Woche mehr Bewegung in Ihren Alltag! Machen Sie 3-mal wöchentlich ein Ausdauertraining!

Montag	
Dienstag	
Mittwoch	
Donnerstag	
Freitag	
Samstag	
Sonntag	

Feedback:

Welche Aktivitäten haben Sie gewählt?

....

Welche kleinen Schritte haben Sie täglich unternommen?

....

Wie oft haben Sie ein Ausdauertraining gemacht? Welches?

....

....

Wie ist es Ihnen ergangen?

....

....

Wie haben Sie sich danach gefühlt?

....

....

....

Hat es Ihnen Spaß gemacht?

....

....

Sehen Sie schon Fortschritte? Welche?

....

....

....

Bravo! Sie sind auf dem besten Weg, ein Profi zu werden! Bleiben Sie weiter in Bewegung!
Bleiben Sie am Ball. Es lohnt sich auf jeden Fall!

In 4 bis 8 Wochen werden Sie die ersten Ergebnisse sehen:

- Die Kleidung passt besser.
- Die Figur ist straffer (feste Oberarme, straffe Oberschenkel, knackiger Po, oho!).
- Sie fühlen sich vitaler.
- Sie geraten nicht mehr so schnell außer Puste.
- Sie schlafen besser.

Der dritte Schlüssel: Ändern Sie Ihr Verhalten

Die Macht der Gewohnheiten

Bestimmt haben Sie schon bemerkt, dass Sie viele Tätigkeiten im Alltag scheinbar automatisch machen. Die Art und Weise, wie Sie sich morgens anziehen, Ihre Morgentoilette absolvieren, frühstücken, zur Arbeit gehen, Ihren Haushalt erledigen und vieles mehr, geschieht meist nach einem vorgegebenen Rhythmus. Sie brauchen überhaupt nicht mehr nachzudenken, in welcher Reihenfolge und wie Sie diese alltäglichen Dinge erledigen.

So weit, so gut! Das ist ja in Ordnung.

In Zusammenhang mit Ihrem Essverhalten gibt es vermutlich einige Gewohnheiten, die automatisch ablaufen und über die Sie nicht besonders glücklich sind. Vielleicht haben Sie schon festgestellt, dass manches Verhalten Ihre Bemühungen um eine schlanke Figur und Ihr Wunschgewicht sabotiert.

Mag sein, dass Sie schon des Öfteren versucht haben, Änderungen in Ihren Essgewohnheiten vorzunehmen, doch irgendwie sind Sie wieder ins alte Fahrwasser gekommen und damit war dann Ihr Experiment meist gescheitert.

Übung macht den Meister –

Es ist noch kein Meister vom Himmel gefallen!

Diese beiden Sprichworte, die meine liebe Großmutter oft verwendete, erklären das Geheimnis des erfolgreichen Verhaltenstrainings. Jede Gewohnheit erlernen wir durch ständiges Üben, und zwar schon von Kindesbeinen an. Ich empfinde es jedes Mal als ein Wunder, einem Baby beim Laufenlernen zuzusehen. Es lässt sich nicht entmutigen und gibt niemals auf. Wie oft es auch stolpert und niederfällt, immer wieder zieht es sich hoch und startet einen neuen Versuch und nach einiger Zeit gelingt das Vorhaben. Der kleine Wicht kann laufen. So funktioniert das und nicht anders.

Ob Sie Autofahren lernen – das habe ich noch in schmerzlicher Erinnerung –, ob Sie den Umgang mit dem Computer lernen, bessere Essgewohnheiten erreichen möchten oder den leichten Umgang mit schwierigen Situationen, es führt kein Weg vorbei am Üben, Üben und nochmaligen Üben.

Gewohnheiten sind erst wie Spinnweben, später wie Drahtseile

Wenn Sie nun daran gehen wollen, einige Verhaltensmuster zu ändern, weil Sie erkannt haben, dass Sie sich damit immer wieder ein Plus an Gewicht einhandeln, dann denken Sie an obiges Sprichwort.

Erinnern Sie sich noch an Ihre Bestandsaufnahme, was, wie viel, wann, wo, wie, mit wem und warum Sie essen? Wahrscheinlich haben Sie bemerkt, dass einige Punkte in Ihren Aufzeichnungen verbesserungswürdig sind. Bitte blättern Sie zurück und betrachten Sie Ihre Eintragungen nochmals und widmen Sie sich besonders denen, die Sie verändern möchten. Denken Sie dabei immer daran: *Nicht alles auf einmal* umstellen, sondern *Schritt für Schritt* vorgehen!

Veränderungen geschehen nicht von heute auf morgen, doch mit Geduld und dem nötigen Durchhaltevermögen erzielen Sie nach und nach das gewünschte Ergebnis!

Aus meiner eigenen Erfahrung und meiner Arbeit in Kursen zum Abnehmen möchte ich einige Situationen herausgreifen, in denen immer wieder Schwierigkeiten auftauchen.

Tipps aus der Praxis – 5 Schwerpunkte

- Versuchungen
- Mahl-ZEITEN
- Einladungen und Feste
- Stress, lass nach!
- Hilfe! Saboteure!

Schwerpunkt Nr. 1: Versuchungen

Kennen Sie eigentlich Ihre Ess-Auslöser?

Sind es Sinneswahrnehmungen, Situationen, Gefühle oder Menschen, die Sie zum Essen verleiten?

Das Fatale an Ess-Auslösern ist, dass wir fast automatisch darauf reagieren und essen, obwohl wir gar nicht hungrig sind. Ess-Auslöser beeinflussen uns alle, egal, ob schlank oder übergewichtig. Aber übergewichtige Menschen sind meist empfänglicher für solche Auslöser als schlanke Menschen.

Augen, Ohren, Nase, Hände und Mund führen manchmal scheinbar ein Eigenleben, meinen Sie nicht auch?

Stellen Sie sich einmal vor, Sie sind unterwegs ins Büro und kommen auf Ihrem Weg beim Bäcker vorbei. Der Duft von frischem Brot dringt in Ihre Nase, Ihre Augen werden gefangen von den verführerischen Angeboten in der Auslage. Das Wasser läuft Ihnen im Mund zusammen ...! Schnurstracks begeben Sie sich ins Innere der Bäckerei, Ihre Hände wählen ein, nein, besser gleich zwei Stück Zwetschkenkuchen aus, einen davon verspeisen Sie sofort!

Ist Ihnen das oder Ähnliches schon passiert?

Haben Sie sich danach manchmal bittere Vorwürfe gemacht?

Nachher ist es meist zu spät! Doch man kann aus einem Fehler lernen!

Versuchungen sind wie Vagabunden. Wenn du freundlich zu ihnen bist, kommen sie wieder und bringen Freunde mit.

Wenn Sie einer Versuchung immer wieder nachgeben, dann wird diese immer wieder auftauchen. Wenn Sie sich jedoch entschließen, Ihr Verhalten zu verändern, und dies auch tun, dann gewinnen Sie die Kontrolle über die Situation. Sie entscheiden, ob, was und wann Sie essen! Sie meistern sie schließlich.

Nun, sind das nicht erfreuliche Aussichten?

Gewusst wie: Umgang mit Versuchungen
Tipps fürs Einkaufen, Kochen, Resteverwertung, Fernsehen

Einkaufen:
Schreiben Sie eine Einkaufsliste!
Gehen Sie nicht hungrig einkaufen!
Tappen Sie nicht in die Sonderangebotsfalle!
Legen Sie sich keinen Vorrat an gefährlichen Nahrungsmitteln an!
Gehen Sie nach Möglichkeit nicht in der „Stoßzeit" einkaufen!
Räumen Sie beim Nachhausekommen alle Nahrungsmittel gleich weg!
Kosten Sie weder Wurst noch Käse noch Brot noch Mehlspeise etc.!
Lassen Sie für Sie gefährliche Nahrungsmittel nicht ständig sichtbar herumstehen!

Kochen:
Kochen Sie nicht, wenn Sie hungrig sind! Essen Sie vorher eine Kleinigkeit!
Wiegen Sie alle Zutaten genau ab, damit Sie nichts davon aufessen (z.B. Wurst, Käse, Rosinen, Nüsse etc.)!
Kosten Sie nicht oder wenn, dann nur einmal mit einem kleinen Löffel!
Stellen Sie zum Nachwürzen für Ihre Lieben Salz und Pfeffer auf den Tisch!
Richten Sie sich eine Kanne Tee zum Trinken oder ein Stück Obst, einige Tomaten und Gurkenscheiben zum Knabbern, wenn Sie während des Kochens unbedingt etwas essen wollen.
Kochen Sie, wenn möglich, in Gesellschaft (weniger langweilig, wachsames Auge)!
Um Zeit zu sparen, kochen Sie mehrere Portionen vor und frieren Sie diese ein!
Reste: Kochen Sie nicht zu viel! Portionieren Sie Reis, Nudeln und Kartoffeln!

Essen Sie keine Reste, Sie sind nicht der Müllschlucker der Familie!
Bitten Sie Familienmitglieder, die Teller abzuservieren und Reste zu entsorgen!
Geben Sie größere Reste in vorbereitete Behälter, Sie können sie zu einer Restemahlzeit verwerten!

Fernsehen:
Bedenken Sie, dass beim Fernsehen nur der Fernseher Energiezufuhr braucht!
Beschäftigen Sie Ihre Hände (z.B. mit stricken)!
Wenn Sie unbedingt knabbern müssen, bereiten Sie sich einen Teller mit „gesunden" Dingen vor (Apfel- oder Orangenspalten, Karotten- oder Paprikastreifen, Gurken- oder Tomatenscheiben).
Wenn Sie ungern auf Süßes verzichten wollen, greifen Sie zu einem Joghurt mit Früchten, einer leichten Topfencreme oder zu einem Pudding mit Schoko- oder Vanillegeschmack!

Schwerpunkt Nr. 2: Mahl-ZEITEN
Schauen Sie auf Ihre Aufzeichnungen im ersten Teil des Buches!
Wann essen Sie?
Frühstücken Sie oder stürzen Sie ohne Frühstück aus dem Haus?
Wann essen Sie Ihre Hauptmahlzeit, morgens, mittags oder abends bzw. erst am späten Abend?
Essen Sie keine richtige Hauptmahlzeit, dafür aber über den Tag verteilt viele kleine Happen?
Essen Sie eher unregelmäßig und liegen zwischen Ihren Mahlzeiten häufig viele Stunden?
Nehmen Sie sich Zeit für Zwischenmahlzeiten bzw. wann essen Sie diese?
Pilgern Sie mitunter tief in der Nacht zum Kühlschrank, um ihn zu plündern?
Gibt es einen Unterschied zwischen Alltag und Wochenende?

Wie viele Mahlzeiten Sie pro Tag zu sich nehmen, entscheiden Sie am besten selbst. Ob drei Hauptmahlzeiten oder fünf kleinere Mahlzeiten besser für Sie sind, das hängt von Ihren Bedürfnissen ab. Ob Sie ausgiebig frühstücken oder nicht, ist ebenfalls Ihre individuelle Entscheidung.

Trotzdem, lieber Leser, möchte ich Ihnen eines zu bedenken geben: Die *Anzahl* und der *Zeitpunkt der Mahlzeiten* tragen viel dazu bei, ob Sie Ihr Ziel, ein schlanker Mensch zu werden, erreichen. Denn hier liegt oft der Hund begraben.

Große Pausen zwischen den Mahlzeiten führen meist zu Heißhunger. Und Heißhunger lässt sich schwer kontrollieren. Wenn jemand kaum frühstückt und tagsüber wenig isst, kommt er ausgehungert nach Hause. Dann ist es kein Wunder, wenn er sich aufs Erstbeste zum Essen stürzt. Das entpuppt sich zumeist als nicht besonders geeignet für eine schlanke Figur.

Ich erinnere mich genau, bei mir war es immer der Griff nach Süßigkeiten in Form von Schokolade, Kuchen oder „Manner-Schnitten", der meine guten Vorsätze punkto gesunder und kluger Nahrungsauswahl ins Wanken brachte. Hatte ich meinen ersten Heißhunger so zu stillen begonnen, war der Abend bzw. das Abendessen schon gelaufen und endete in bitteren, jedoch sinnlosen Vorwürfen und dem neuerlich endgültigen Beschluss: „Morgen geh ich es aber ernsthaft an ...!"

Deshalb rate ich Ihnen dringend:

Essen Sie regelmäßig!

Lassen Sie Hunger gar nicht erst aufkommen!

Nehmen Sie geeignete Zwischenmahlzeiten zu sich. Wenn Sie berufstätig sind, nehmen Sie sich folgende Nahrungsmittel mit: Obst, Früchtejoghurt, ein Vollkornweckerl mit fettreduziertem Aufstrich, Gemüse in Form von Paprikastreifen, Tomaten, Karotten etc. Dies alles ist gut geeignet. Greifen Sie, wenn Sie gern Süßes essen, eher zu einem Müsliriegel und gönnen Sie sich manchmal bewusst eine Rippe Schokolade, falls Sie wirklich einmal Lust auf diese haben.

Vorplanen ist der halbe Erfolg!
Wenn Sie nach Hause kommen, essen Sie zuerst einmal einen Teller Suppe (vorgekocht) oder trinken Sie in Ruhe eine Schale guten Tee. Entspannen Sie sich, dann erst krempeln Sie die Ärmel hoch und widmen sich etwaigen anstehenden Arbeiten.
„In der Ruhe liegt die Kraft!“, hat meine Großmutter immer gesagt und wie immer hatte sie Recht.
Noch eine meiner falschen und hartnäckigen Ess-Gewohnheiten will ich Ihnen verraten.

✳ STORIES
DIE GESCHICHTE VOM ASCHENBRÖDEL
Keine Angst, ich will Ihnen nicht das ganze Märchen erzählen, Sie kennen es ja alle bestimmt. Ich will mich nur auf einen kleinen Ausschnitt beschränken:
Aschenbrödel erhielt von ihrer Stiefmutter die Aufgabe, Linsen aus der Asche zu verlesen, während diese mit den Stiefschwestern zum Tanzen ausging. Dabei leisteten ihr einige Tauben Gesellschaft und gurrten: „Die guten ins Kröpfchen, die schlechten ins Töpfchen ...“
Nun, lange Zeit verhielt ich mich ähnlich, wenn ich kochte und für meine Familie Mahlzeiten zubereitete, „einen Bissen ins Kröpfchen und einen Bissen ins Töpfchen“. Auf diese Art und Weise nahm ich natürlich viele Kalorien zu mir, hatte außerdem bei den gemeinsamen Mahlzeiten mit meinen Lieben keinen Appetit und aß daher dabei nicht viel. Ich wunderte mich sehr, dass mein Gewicht trotz meiner vermeintlich geringen Nahrungsaufnahme eine stetig steigende Tendenz aufwies.
Erst als ich mich 1976 einer Gruppe anschloss, um unter kompetenter Anleitung schlank zu werden, erkannte ich meinen Irrtum in Bezug auf die Nahrungsmenge, die ich wirklich täglich zu mir nahm.
Es dauerte einige Zeit, bis es mir gelang, mein altes, gewichtsför-

derndes Essverhalten abzulegen, doch mit einigen Tricks und bewusster Aufmerksamkeit schaffte ich es. Heute esse ich selten bis nie beim Kochen und zwischen den Mahlzeiten. Ich esse mehr oder minder regelmäßig morgens, mittags, abends und nachmittags eine Jause. Dadurch bin ich immer satt, gut gelaunt und rundherum zufrieden. Ich habe mein optimales Essmuster gefunden. Das können auch Sie, wenn Sie es wirklich ehrlichen Herzens wollen!

Tipps für Mahl-ZEITEN

Vorplanen ist der halbe Erfolg!

Wenn Sie berufstätig sind:

Essen Sie wenigstens ein „schnelles" Frühstück:

z.B.: 1 Tasse Cornflakes mit 1/8 l Milch (eventuell fettarm), Süßstoff, 1/8 l Orangensaft

oder nehmen Sie sich etwas mit:

Vollkorngebäck mit einer Scheibe Käse
Rosinenbrötchen, 1 Apfel, Orange oder Birne
Schinkensemmel, Fruchtsaft
Vollkornbrot mit Topfenaufstrich, Radieschen, Tomatenscheiben
Trinkkakao und ein mürbes Kipferl
Müsli aus fertiger Müslimischung, Joghurt und 2 EL Rosinen
etc.

für tagsüber:

Diverse Salate z.B. Nudelsalat, Thunfischsalat, Bohnensalat, Linsensalat mit 1 Gebäck,
Vollkornbrot oder Vollkorngebäck mit Aufstrich, magerer Wurst oder Käse (maximal 45 % F. i. Tr.) belegt
geschnittenes Gemüse (Paprika, Gurke, Karotte, Kohlrabi etc.)
Joghurt mit Früchten
Obst: Banane, Apfel, Orange, Grapefruit, Kiwi, Weintrauben
Müsliriegel, fettarmer Trinkkakao, Dörrobst
etc.

Wählen Sie in der Werksküche bewusst aus:

Oft gibt es ein Vitalmenü, das meist gut geeignet ist.

Wenn nicht, wählen Sie:

gegrilltes Fleisch, Fisch oder Geflügel (ohne Haut) mit Beilage und Salat.

Als Beilagen eignen sich Reis, Nudeln oder Kartoffeln.

Gemüsegerichte.

Als Dessert Obst bzw. Obstsalat

etc.

Vorsicht vor fetten Saucen und Salatdressings, eingebranntem Gemüse, mit Käse überbackenen Gerichten, Pommes frites, Nudelgerichten mit fetter Sauce!

Planen Sie Zwischenmahlzeiten ein, besonders dann, wenn zwischen Ihren Mahlzeiten große Abstände liegen:

Vollkorngebäck mit leichtem Aufstrich

Obst

Fruchtjoghurt

Buttermilch mit 1 Banane gemixt

Frucht-Molke-Getränk

etc.

Sorgen Sie vor, wenn Sie nach Hause kommen:

Gemüsesuppe

½ Gebäck mit Aufstrich

1 Becher Fruchtjoghurt

etc.

Wenn Sie zu Hause den Haushalt managen:

Planen Sie fixe Essenszeiten und halten Sie diese ein.

Frühstücken Sie in Ruhe und nicht, wenn Ihre Familie Sie womöglich noch auf Trab hält, so nebenbei.

Setzen Sie sich zum Essen auf Ihren Essplatz. Essen Sie nicht im Stehen, Gehen, beim Aufräumen, Kochen, Geschirrabräumen etc.

Genießen Sie Ihre Mahlzeiten! Machen Sie Ihre Mahlzeit zum „reinen" Vergnügen! Lesen Sie dabei nicht die Zeitung bzw. sehen Sie nicht fern.

Lassen Sie „gefährliche" Nahrungsmittel nicht als Blickfang herumstehen, Devise „Aus den Augen, aus dem Sinn".

Wenn Sie beruflich oder privat häufig unterwegs sind und regelmäßig in ein Restaurant gehen:

Eine kleine Auswahl zur Anregung:

Fisch- und Geflügelgerichte (möglichst unpaniert)

Spaghetti, Tagliatelli, Gnocchi und Co. (Achten Sie auf die Sauce! Vorsicht vor Saucen mit Obers, gut geeignet sind Tomatensaucen in verschiedenen Varianten.)

Suppen und Eintopfgerichte

Folienkartoffeln mit Joghurtcreme

Gemüseplatte mit Ei und/oder Schinken

Fernöstliche Köstlichkeiten mit viel Reis und verschiedenem Gemüse (Versuchen Sie Gerichte mit Tofu bzw. fleischlose.)

Omeletts mit Schinken, Champignons oder anderem Gemüse

Salatteller mit Gebäck (Vorsicht beim Dressing)

etc.

Schwerpunkt Nr. 3: Einladungen und Feste

Ich kann mich noch gut erinnern: Immer, wenn ich mich entschlossen hatte: „Jetzt reicht es! Jetzt muss etwas geschehen. Der Speck muss weg!", und ich ernst machte mit meinem Vorhaben, kam ein Brief ins Haus geflattert oder das Telefon klingelte und ich wurde zu einer Feier (Geburtstag, Hochzeit, Taufe, Erstkommunion etc.) eingeladen.

Kennen Sie das auch aus eigener Erfahrung? Nun ja, da ist guter Rat oft teuer!

Absagen? Nein, das geht nicht. Da würde er/sie sich kränken.

Zusagen? Hilfe! Die Waage wird wieder nach oben ausschlagen!

Das brachte mich oft in ein wahres Dilemma!
Nun, es gibt viele Möglichkeiten, Feste und Feiern unbeschadet fürs Gewicht zu besuchen und zu genießen. Einige meiner Freundinnen hatten es immer gut geschafft, trotz Feiern schlank zu bleiben. Ich denke da besonders an meine liebe Freundin Susi. Sie ist trotz ihrer Jahre immer gertenschlank geblieben. Wie oft habe ich sie früher beneidet! Speziell, wenn ich beobachtete, dass Susi bei unseren Treffen in der Konditorei immer ein Stück besonders leckere Torte aß, während ich ewig nur einen großen Mokka und ein Glas Wasser zu mir nahm.
Erst viel später durchschaute ich Susis Geheimnis. Sie gönnte sich bei besonderen Anlässen sehr wohl diverse Köstlichkeiten, doch am Tag danach kehrte sie zu eher „mageren" Gerichten zurück oder sie verzichtete aufs Abendessen und aß statt diesem nur ein Fruchtjoghurt.
Wenn Feste und Einladungen eher selten vorkommen, ist diese Lösung ausgezeichnet.
Wenn sie allerdings gehäuft bzw. oft vorkommen, dann will ich Ihnen einige andere Möglichkeiten verraten, die sich auf Ihr Gewicht günstig auswirken.

Einladung und Feste bei Verwandten und guten Freunden
Anruf genügt! Rufen Sie an und erkundigen Sie sich, was es zum Essen gibt. Ersuchen Sie um eine fettärmere Alternative und sagen Sie Ihren Grund dafür. (So mancher Gastgeber unterstützt Sie gern bei Ihrem Vorhaben. Ist dies nicht der Fall, schwindeln Sie und schützen ein „Gallenleiden" etc. vor.)
Bleiben Sie bei Ihrem Entschluss, seien Sie konsequent und lassen Sie sich nicht verführen. Machen Sie dabei keine Leidensmiene, sondern freuen Sie sich über Ihre Willensstärke. Sie können alles schaffen, wenn Sie nur wollen!
Bei diesem Punkt fällt mir eine Episode aus meiner erfolgreichen Abnehmzeit ein.

Während meiner Kursbesuche bei den „Gewichtsexperten" war ich oft bei meiner Freundin Toni und deren gastfreundlichem Ehemann Willi eingeladen. Dieser konnte es absolut nicht verstehen, dass ich plötzlich nichts Alkoholisches mehr trank. Immer wieder versuchte er mir ein Gläschen Wein aufzuschwatzen, bis ich ihm kategorisch erklärte: „Entweder du respektierst meinen Wunsch oder ich komme erst wieder zu Besuch, wenn ich rank und schlank geworden bin." Das wirkte. Als ich nach einigen Monaten mein Ziel erreicht hatte, entpuppte sich Willi als ein glühender Bewunderer meiner Disziplin. Es zahlt sich aus, für seine Bedürfnisse einzustehen.

Einladung zu offiziellen Anlässen, beim Chef oder der Erbtante
Sie merken vermutlich an dieser Formulierung, dass es sich bei Einladungen dieser Art um außergewöhnliche Ereignisse handelt. Nun und genauso geht man damit um.
Achten Sie auf Ihre Kleidung und Ihr Aussehen! Seien Sie selbstsicher!
Gehen Sie nicht hungrig von zu Hause fort. Füllen Sie Ihren Magen eventuell mit leichter Nahrung (ein oder zwei Teller Suppe, ein Müsli etc.).
Essen Sie mit Genuss und Vergnügen, was Ihnen angeboten wird! Nehmen Sie aber keinesfalls einen Nachschlag!
Lehnen Sie Alkohol dankend ab oder beschränken Sie sich auf maximal ein Glas (Autofahrer!).
Bleiben Sie nicht beim Buffet stehen, sondern unterhalten Sie sich abseits angeregt mit einer oder mehreren sympathischen und interessanten Personen.
Essen Sie langsam.

Meine liebe Tante Hansi, um die 90 Jahre alt, sehr wohlhabend und kinderlos, hatte so schlechte Augen, dass sie nicht mehr lesen konnte. Deshalb besuchte ich sie regelmäßig, um ihr vorzulesen.

Dabei bewirtete sie mich mit herrlichem Kuchen und Keksen, die sie eigens aus der bekannten Konditorei Aida bringen ließ. Wohl hatte ich sie mehrmals aufmerksam gemacht, dass Mehlspeisen für mein Ziel, endlich ein schlanker Mensch zu werden, kontraproduktiv seien. Doch sie wischte meine kleinlauten Einwände mit der Bemerkung, dass Essen Körper und Seele zusammenhalte und sie Zeit ihres Lebens alles gegessen habe, vom Tisch. Also fügte ich mich und aß.

Nun, geerbt habe ich trotzdem nichts von ihr, doch ich denke gern an sie und an ihre Freude, wenn sie sich mit mir gemeinsam an köstlichen Süßigkeiten delektierte. An solchen Tagen strich ich einfach mein Nachtmahl und trank stattdessen eine volle Kanne guten Tee oder Fruchtsaft, mit viel Wasser aufgespritzt.

Sie sehen, es gibt für jede Feier und Einladung ein Rezept, wie Sie es schaffen können, sowohl zu genießen als auch Ihr Gewicht und Ihre Figur im Auge zu behalten.

Sie sind keinesfalls ein armes Opfer. SIE entscheiden immer allein, SIE haben die Zügel in der Hand!

Schwerpunkt Nr. 4: Stress lass nach!

Gehören Sie auch zu der Personengruppe, die dauernd „im Stress" ist?

Stress ist ein richtiges Modewort geworden und es gehört fast schon zum guten Ton, „gestresst" zu sein.

Zum Thema Stress und Stressbewältigung gibt es eine Menge Fachliteratur und gute Bücher, die Sie zurate ziehen können, wenn Sie unter Stress leiden. Ich möchte mich in diesem Buch nur so weit mit dem Thema „Stress" befassen, so weit er sich auf das Körpergewicht auswirkt. Denn leider passieren punkto Essen und Essverhalten viele Pannen, wenn man ständig angespannt ist, unter Druck steht oder zu wenig Zeit hat (überessen, falsche Nahrungsmittelauswahl, zu wenig essen, keine Zeit zum Essen).

Bevor ich Ihnen einige erprobte Tipps über den Umgang mit Stress

und stressbedingtem Essen gebe, will ich erst einmal definieren, was landläufig unter Stress verstanden wird.
Stress bedeutet, dass jemand überlastet ist und unter Druck steht. Dieser Druck kann von außen durch ständigen Zeitdruck oder zu viel Arbeit erfolgen oder von innen durch Sorgen, Probleme in der Familie oder/und im Beruf oder Krankheiten.
Gerade in der heutigen Zeit, in der viele Frauen der Doppelbelastung Beruf und Familie ausgesetzt sind, kommt es oft zu einer enormen Belastung. Bei Männern entsteht durch die zunehmende Unsicherheit des Arbeitsplatzes und die dadurch entstehende Konkurrenz ein ständiger Druck. Auf das Essverhalten und die Nahrungsauswahl wirkt sich diese dauernde Überforderung meist äußerst ungünstig aus. Bei Menschen mit Gewichtsproblemen sieht das so aus: Zuerst wird während der beruflichen oder häuslichen Arbeit stundenlang nichts oder wenig gegessen und nach Arbeitsschluss kann man nicht genug bekommen und isst viel zu viel und vor allem falsch. Wen wundert es, wenn die Kilos immer mehr werden.

Hilfe! Ich hab‘ keine Zeit!

Diesen Ausruf hört man oft. Wenn Sie, lieber Leser, auch zu den Betroffenen zählen, die ständig unter Zeitmangel leiden, rate ich Ihnen, sich folgende Fragen zu stellen und sie ehrlich zu beantworten.

✎ FRAGEN

Warum habe ich keine Zeit?
Liegt es an der falschen Einteilung oder
habe ich zu viel „am Hals“?

....

....

Wer/was hindert mich daran, mir Zeit zu nehmen?
Familie, Beruf, ich selber?

....

....

Warum nehme ich mir keine Zeit?
Ist es mein Perfektionismus?
Glaube ich, alles selber machen zu müssen?

....

....

Was kann ich ändern?

....

....

....

Mein Vorschlag:
Besseres Zeitmanagement
Nein-Sagen lernen
Fünf gerade sein lassen
Zeit für mich einplanen

Auch ich litt vor einigen Jahren unter ständigem Zeitmangel und war manchmal total erschöpft und ausgebrannt, wie man diesen Zustand heute bezeichnet.
Ich verrate Ihnen, was mir geholfen hat, Stress zu verringern:

Prioritäten setzen

An Tagen, wenn mein Terminkalender übervoll ist und ich viele Tätigkeiten zu erledigen habe, schreibe ich eine Liste für den folgenden Tag bzw. die folgende Woche. Zuerst notiere ich alles, was ich zu erledigen habe, und mache mir dazu einen Vermerk, wie lange ich vermutlich für jede Tätigkeit brauchen werde. Dann lese ich mir diese Liste durch und bewerte jede Aufgabe mit *„wichtig"*, *„weniger wichtig"* und *„kann warten"*. Außerdem plane ich Zeit für Pausen ein. Am nächsten Tag nehme ich mir zuerst die wichtigen Aufgaben vor. Wenn mir noch Zeit bleibt, widme ich mich den weniger wichtigen Arbeiten. Alle erledigten Tätigkeiten streiche ich durch. Unerledigtes übertrage ich je nach Priorität auf die Tagesplanung für den nächsten Tag.

Diese Vorausplanung bewährt sich sehr. Sie hat zur Folge, dass ich mich nicht verzettle und ich jedes Mal ein Erfolgserlebnis habe, wenn ich sehe, wie viel ich geschafft habe.

Noch etwas ist mir positiv aufgefallen. So manche Tätigkeit mit dem Vermerk „Weniger wichtig" und „Kann warten" erledigt sich oft von selbst.

Delegieren

Eine weitere Umstellung half mir bei der Bewältigung meines Arbeitspensums. Am Anfang meines beruflichen Wiedereinstiegs vor 26 Jahren hegte ich den Ehrgeiz, meine Familie weiter so zu umsorgen, wie ich es getan hatte, als ich einige Jahre „nur" meinen Haushalt managte. Für meine Lieben war das natürlich sehr bequem. Ich allerdings war abends meist so richtig geschafft. Mit der Zeit jedoch begann ich meinen Haushalt neu zu organisieren und band meine Familie darin ein. Tätigkeiten wie einkaufen, Geschirr abwaschen, Staub saugen, Nachtmahl richten, Mist entsorgen, Katzenkisterl erneuern, die früher ausschließlich ich verrichtet hatte, wurden gerecht unter allen Mitgliedern meiner Familie verteilt. Zwar geschah dies anfangs mit Unwillen und einigem

Murren, doch mit der Zeit wurde es für alle zur Gewohnheit. Im Nachhinein waren mir meine Söhne sogar dankbar, dass sie viele Tätigkeiten im Haushalt kennen gelernt hatten und daher konnten. Denn unter heutigen (Ehe)Partnern ist Arbeitsteilung sowieso selbstverständlich, meinen Sie nicht auch?

Der „gute“ Stress

Ich muss gestehen, dass mir Stress bzw. Zeitdruck manchmal recht gut tut. So gehen mir Aufgaben, die ich fast bis zur letzten Minute aufgeschoben habe, unter Zeitdruck meist rascher von der Hand. Es tut mir anscheinend gut, gefordert zu werden.

Der „schlechte“ Stress

Schlecht ging es mir jedoch, wenn ich unter innerem Druck stand. Besonders Sorgen um das Wohl und Wehe meiner Familie belasteten mich sehr. Dann merkte ich sehr wohl, dass ich diese Situationen besser verkraftete, wenn ich meinen Körper und mich mit reichlich Nahrung vollstopfte. Besonders Süßigkeiten in Form von Schokolade füllten meinen leeren Energietank schnell wieder auf. Da auf diese Weise mein Gewicht anstieg, wurde das ein Problem für mich, das mich zusätzlich belastete und meine Unzufriedenheit mit mir erhöhte.

Hier erwiesen sich *das Bewusstmachen meiner Gedanken* und *das Verändern meiner Einstellung* als wirkliche Hilfe. Darüber werde ich Ihnen im weiteren Verlauf des Buches mehr verraten.

Zwei weitere Strategien gegen den Stress haben sich in meinem Leben ebenfalls bewährt. Die erste heißt *Bewegung und nochmals Bewegung* und die zweite *abschalten und entspannen.*

Bewegung
Zur Schulzeit meiner beiden hoffnungsvollen, jedoch lernfaulen Söhne kam es mitunter vor, dass mich schlechte Schularbeitsnoten sowie Vorsprachen bei Lehrern seelisch sehr mitnahmen und ich mich fürchterlich ärgerte. Auf solche Situationen reagierte ich zuerst, indem ich meinen Ärger mit Essen bekämpfte. Das nützte natürlich nichts. Im Gegenteil, ich war dann zusätzlich frustriert über meine Willensschwäche und die schlechten schulischen Leistungen meines Nachwuchses waren damit nicht behoben.
Wenn ich jedoch meinem Ärger zu Leibe rückte, indem ich schnurstracks einige Runden um den Häuserblock drehte, verrauchte er und ich konnte alles aus einer freundlicheren Perspektive sehen. Diese Reaktion hilft mir auch heute noch oft. „Sich regen, bringt Segen", bekommt mir immer gut.

Abschalten und entspannen
„Abschalten und Tee trinken" lautete ein guter Rat meiner geliebten Großmutter, wenn die Wogen des Lebens stürmisch waren. Sie ist mir in dieser Hinsicht ein gutes Beispiel. Wenn sie in ihrem ereignisreichen Leben manchmal nicht mehr weiterwusste, kochte sie einfach Tee, zog sich in eine stille Ecke zurück und trank ihn langsam in kleinen Schlucken aus. Ich bewunderte sie deswegen sehr, war ich selber doch eher ein unruhiger Geist. Mir fiel stillsitzen und nichts tun lange Zeit äußerst schwer. Heute kenne ich jedoch die heilsame Wirkung dieser Teezeremonie, ich komme zur Ruhe, meine Gedanken klären sich und ich spüre neue Kraft und Energie in mir.

Welche von beiden Techniken zur Stressbewältigung Ihnen besser hilft, kann ich Ihnen nicht sagen. Am besten probieren Sie beide einmal aus!

✎ AUFGABE

Prioritäten setzen:

Wichtig!	Weniger wichtig!	Kann warten!

Delegieren: Welche Tätigkeiten können andere für mich erledigen?

....

....

Bewegen Sie sich: Was haben Sie unternommen?

....

....

Wie ist es Ihnen ergangen?

....

....

War es hilfreich für Sie?

....

....

Abschalten und entspannen:
Welche Entspannungsmethode haben Sie gewählt?

....

....

Wie ist es Ihnen dabei ergangen?

....

....

Konnten Sie abschalten?

....

....

Schwerpunkt Nr. 5: Hilfe! Sabotage!

Sie werden sich vermutlich fragen, warum ich das Thema „Sabotage" als Schwerpunkt auf dem Weg zur schlanken Figur herausgreife. Ich kann Ihnen versichern, aus meiner eigenen langjährigen Erfahrung mit meinem Übergewicht und aus meiner beruflichen Praxis in Kursen zum Abnehmen weiß ich, wie wichtig gerade dieses Thema ist.

Wenn Ihnen jemand aus Ihrer Umgebung dauernd Steine vor die Füße wirft, können Sie leicht stolpern und straucheln und letztendlich scheitern.

Was versteht man eigentlich unter Sabotage?

Laut Brockhaus ist Sabotage die Vereitelung eines Zieles durch böswillige, geheime Gegenwirkung oder passiven Widerstand.

✷ STORIES

In meinen Jugendjahren wünschte ich mir nichts sehnlicher, als leichtgewichtig und schlank zu sein. Neben meinen Schulfreundinnen fiel ich immer auf, weil ich groß und stattlich wie eine Walküre war. So versuchte ich schon mit 15 Jahren abzuspecken, indem ich das Abendessen strich. Der Widerstand meiner Mutter war groß. Sie sabotierte meine Bemühungen, indem sie darauf bestand, dass ich abends aß, und verlockte mich zusätzlich mit meinen Lieblingsgerichten.

Auf dieses behindernde Verhalten meiner Mutter stieß ich in den darauf folgenden Jahren immer wieder, wenn ich versuchte, meine Leibesfülle durch weniger Essen zu verringern. Ich habe noch immer ihre Worte im Ohr, wenn es mir tatsächlich gelungen war, 3 bis 4 Kilo meines Übergewichtes loszuwerden. „Du bist ja schon ganz blass, nur mehr Haut und Knochen, du wirst noch krank werden!" Und schon gab es wieder eine meiner Lieblingsspeisen, der ich schwer widerstehen konnte.

Heute weiß ich, dass meine Mutter das Beste für mich gewollt hat und ehrlich davon überzeugt war, dass Essen Leib und Seele zusammenhält, hatte sie doch schwere Kriegszeiten erlebt, in denen es oft nicht genug zu essen gegeben hatte.

✎ AUFGABE

Wie viele Leute treffen Sie täglich?

Teilen Sie diese ein in Personen, die Sie bei Ihrem Vorhaben unterstützen und Personen, die bewusst oder unbewusst Ihre Ziele sabotieren!

....

....

....

Welche Menschen in Ihrem Umfeld behindern Sie mit ihren Worten und ihrem Verhalten bei Ihrem Vorhaben, schlank zu werden?
Wer behindert mich?

....

....

Womit macht er mir das Leben schwer?

....

....

In meinen Kursen war oft von „Neidern“ die Rede. Das sind Leute, die uns unseren Erfolg nicht gönnen und uns deshalb verunsichern. „Sie schaun aber schlecht aus! So viel Falten hab‘n S‘. San‘s vielleicht krank?“ Diese Fragen können einem schon zusetzen und schaden. Der so Angesprochene reagiert verstört und beim folgenden Blick in den Spiegel findet er auf einmal, dass er wirklich leidend ausschaut und Falten um den Mund hat.
Mir ist aufgefallen, dass sich eine meiner schlanken Freundinnen immer dann, wenn ich einige Kilos abgenommen hatte und Komplimente wegen meines Aussehens bekam, mit einer Superbonbonniere bei mir einstellte, die mich oft in Versuchung führte. Das war sicher Berechnung!
Bestimmt haben Sie im Umgang mit anderen auch schon ähnliche Erfahrungen gemacht.
Deshalb möchte ich Ihnen mit einigen Tipps helfen, wie Sie sich gegen Ihre „Saboteure“ durchsetzen und sie sogar zu Ihren Verbündeten machen können.
Nicht immer handelt es sich dabei um Menschen, die uns schaden wollen, wie das Beispiel meiner Mutter zeigt. Oft wissen sie nicht,

wie schwer sie uns es machen, „auf Kurs“ zum Ziel zu bleiben, wie meine folgende eigene Erfahrung zeigt.
Meine beiden Söhne waren beide rank und schlank, fast untergewichtig, ebenso mein lieber Mann. Alle drei naschten sehr gern und so kaufte ich immer einen Monatsvorrat an Süßigkeiten ein, den ich in einer bestimmten Lade aufbewahrte. Leider entpuppte sich diese Vorratshaltung mitunter fatal für mich, denn ich fühlte mich oft von besagter Lade magisch angezogen. Das endete meist damit, dass ich mich bestenfalls über einige Stückchen Schokolade hermachte und sie verputzte, manchmal vertilgte ich große Mengen davon. Das ärgerte mich danach immer sehr. Oft jammerte ich, wie schwer es für mich sei, den ständigen süßen Verlockungen zu widerstehen. Meine lieben Söhne machten mir daraufhin den Vorschlag, sich in Zukunft ihren Bedarf an Süßem selbst einzukaufen. So gab ich ihnen mehr Taschengeld und war diese tückische Falle los. So einfach war die Beseitigung dieses Problems.
Sprechen Sie daher mit Ihren Lieben über *Ihre Bedürfnisse* und finden Sie *miteinander* eine Lösung, die *für alle zufriedenstellend* ist. Machen Sie sich klar, dass es auch für Ihre Familie eine große Umstellung bedeutet, wenn Sie Änderungen bei der Ernährung, den Mahlzeiten und Ihrem Freizeitverhalten beschließen. Manchmal sind Kompromisse nötig oder glauben Sie, dass es für alle akzeptabel ist, statt Schnitzel und Pizza nur mehr Fisch und Geflügel vorgesetzt zu bekommen?
Wenn Sie aber jemand dauernd sabotiert, indem er Ihnen Speisen aufdrängt, die Sie derzeit nicht essen wollen, dann treten Sie ebenfalls für Ihre Bedürfnisse ein. Übernehmen Sie die *Verantwortung für Ihren Erfolg* und argumentieren Sie wie folgt:
„Ich bin verärgert, wenn du mich immer zum Essen verleitest, weil mir bewusst wird, dass du mich nicht unterstützt!“
„Es kränkt mich sehr, dass du kein Verständnis für mich hast, wenn ich dreimal in der Woche Sport betreibe, weil du es mir dadurch schwerer machst, etwas für mein Wohlbefinden zu tun!“

Lassen Sie sich nicht beirren, bleiben Sie am Ball! Es wird sich für Sie lohnen.

Den wirklich *gefährlichsten Saboteur* habe ich bisher noch nicht erwähnt.

Ahnen Sie, wer das sein könnte?

Richtig! *Sie selbst!*

Sabotage und Entmutigung von außen können oft zu einer inneren Mutlosigkeit und Frustration führen. Das hat fatale Auswirkungen. Wir sabotieren uns selbst, indem wir zu viel essen.

Doch nicht nur *Sabotage von außen* verhindert unseren Erfolg. Noch verheerender ist die *Sabotage von innen*. Darum werde ich im nächsten Kapitel ausführlich über *die Macht der Gedanken* und besonders über Ihren *inneren Dialog* schreiben.

Auf den letzten Seiten habe ich Ihnen etliche hilfreiche Tipps aus meiner Erfahrung gegeben, mit denen Sie schwierige Situationen entschärfen können.

Sicher haben Sie mittlerweile schon herausgefunden, welche Ihrer Verhaltensweisen Sie immer wieder behindern und damit Ihren Erfolg gefährden.

Nun lade ich Sie ein, Ihr Wissen in die Tat umzusetzen!

Ihr persönlicher Veränderungsplan

✎ AUFGABE

1) Wählen Sie ein Ziel aus!
   Beginnen Sie das zu verändern, wozu Sie die meiste Lust haben und was ohne großen Aufwand durchzuführen ist. „Dicke Brocken“ sind für den Anfang nicht geeignet.
2) Schreiben Sie Ihr genau definiertes Ziel auf eine Karte und legen Sie diese sichtbar an einen Ort, wo Sie Ihr Ziel immer wieder vor Augen haben!
3) Führen Sie diesen Vorsatz zwei Wochen lang jeden Tag durch!
4) Nach zwei Wochen ziehen Sie Bilanz! Wie gut ist Ihnen Ihr Vorhaben gelungen?

War es einfach, behalten Sie die neue Verhaltensweise bei und wählen für die nächste Woche ein neues Ziel aus.
Ist es Ihnen schwer gefallen, dann widmen Sie sich eine weitere Woche Ihrem Vorhaben.
Will es Ihnen nicht und nicht gelingen, dann üben Sie eine weitere Woche.
Fällt es Ihnen dann immer noch schwer, sollten Sie nach den Ursachen suchen. Geben Sie auf keinen Fall auf!

Ihre Ziele zur Verhaltensänderung
Beispiel:

1. Ziel: Nur mit Einkaufsliste einkaufen, keinen Vorrat an gefährlichen Nahrungsmitteln anlegen.
2. Ziel: Zwischenmahlzeiten essen.
3. Ziel: In der Werksküche bewusster auswählen.

1. Ziel:
Ab (Datum einfügen) gehe ich nur mit einer Einkaufsliste einkaufen und lege mir keinen Vorrat an „gefährlichen" Lebensmitteln an (keine Chips, Kekse, Schokolade, Eiscreme).

1. Woche	**2. Woche**
1. Tag: Ja / Nein	1. Tag: Ja / Nein
2. Tag: Ja / Nein	2. Tag: Ja / Nein
3. Tag: Ja / Nein	3. Tag: Ja / Nein
4. Tag: Ja / Nein	4. Tag: Ja / Nein
5. Tag: Ja / Nein	5. Tag: Ja / Nein
6. Tag: Ja / Nein	6. Tag: Ja / Nein
7. Tag: Ja / Nein	7. Tag: Ja / Nein

Ergebnis: An 8 Tagen ist mir mein Vorhaben gelungen, an 2 Tagen war ich nicht einkaufen, an 3 Tagen habe ich mehr eingekauft als geplant und an 1 Tag bin ich der Versuchung erlegen (Familienpackung Eiscreme!). Ich bleibe am Ball.

Ihre Ziele:

1. ....

2. ....

3. ....

4. ....

5. ....

Platz für Post-its

1. Ziel:

....

....

Ergebnis:

....

....

1. Woche	2. Woche
1. Tag: Ja / Nein	1. Tag: Ja / Nein
2. Tag: Ja / Nein	2. Tag: Ja / Nein
3. Tag: Ja / Nein	3. Tag: Ja / Nein
4. Tag: Ja / Nein	4. Tag: Ja / Nein
5. Tag: Ja / Nein	5. Tag: Ja / Nein
6. Tag: Ja / Nein	6. Tag: Ja / Nein
7. Tag: Ja / Nein	7. Tag: Ja / Nein

2. Ziel:

....

....

Ergebnis:

....

....

1. Woche	2. Woche
1. Tag: Ja / Nein	1. Tag: Ja / Nein
2. Tag: Ja / Nein	2. Tag: Ja / Nein
3. Tag: Ja / Nein	3. Tag: Ja / Nein
4. Tag: Ja / Nein	4. Tag: Ja / Nein
5. Tag: Ja / Nein	5. Tag: Ja / Nein
6. Tag: Ja / Nein	6. Tag: Ja / Nein
7. Tag: Ja / Nein	7. Tag: Ja / Nein

3. Ziel:

....

....

Ergebnis:

....

....

1. Woche	2. Woche
1. Tag: Ja / Nein	1. Tag: Ja / Nein
2. Tag: Ja / Nein	2. Tag: Ja / Nein
3. Tag: Ja / Nein	3. Tag: Ja / Nein
4. Tag: Ja / Nein	4. Tag: Ja / Nein
5. Tag: Ja / Nein	5. Tag: Ja / Nein
6. Tag: Ja / Nein	6. Tag: Ja / Nein
7. Tag: Ja / Nein	7. Tag: Ja / Nein

4. Ziel:

....

....

Ergebnis:

....

....

1. Woche	2. Woche
1. Tag: Ja / Nein	1. Tag: Ja / Nein
2. Tag: Ja / Nein	2. Tag: Ja / Nein
3. Tag: Ja / Nein	3. Tag: Ja / Nein
4. Tag: Ja / Nein	4. Tag: Ja / Nein
5. Tag: Ja / Nein	5. Tag: Ja / Nein
6. Tag: Ja / Nein	6. Tag: Ja / Nein
7. Tag: Ja / Nein	7. Tag: Ja / Nein

5. Ziel:

....

....

Ergebnis:

....

....

1. Woche	2. Woche
1. Tag: Ja / Nein	1. Tag: Ja / Nein
2. Tag: Ja / Nein	2. Tag: Ja / Nein
3. Tag: Ja / Nein	3. Tag: Ja / Nein
4. Tag: Ja / Nein	4. Tag: Ja / Nein
5. Tag: Ja / Nein	5. Tag: Ja / Nein
6. Tag: Ja / Nein	6. Tag: Ja / Nein
7. Tag: Ja / Nein	7. Tag: Ja / Nein

Ein weiser Rat aus meiner eigenen langjährigen Erfahrung:

Alte Verhaltensmuster neigen dazu, sich immer wieder durchzusetzen. Es sei denn, es gelingt, das neue Muster so lange beizubehalten, bis es vertraut wird. Das kann drei Monate bis ein Jahr dauern. Sie sollten daher so viel Willenskraft einsetzen, wie für einen Marathonlauf und nicht wie für einen Hundertmeterlauf!

Der vierte Schlüssel: Achten Sie auf Ihre Gedanken

„Das Leben ist das Produkt deiner Gedanken!“

Dieses Zitat stammt von dem römischen Kaiser Mark Aurel, der wie viele andere Philosophen schon vor über zweitausend Jahren um die Macht der Gedanken wusste.

Nun, wie ist das bei Ihnen? Haben Sie schon einmal überlegt, welchen Einfluss Ihre Gedanken auf Ihr Leben haben?

Denken Sie eher positiv oder negativ? Nehmen Sie das Leben vorwiegend durch die rosarote Brille wahr oder gehören Sie zu den notorischen Schwarzsehern?

Worauf richten Sie vorwiegend Ihre Aufmerksamkeit, auf das, was Ihnen gut gelungen ist, oder auf das, was Ihnen misslungen ist?

Möchtest du dein Äußeres verändern, dann beginne mit deinem Inneren!

Im vorigen Kapitel habe ich angedeutet, dass *wir selbst* oft *unser größter und mächtigster Saboteur* sind. Die Art, wie wir mit Veränderungen umgehen, wie wir Fehler, die uns dabei passieren, kommentieren, wie wir bei Rückschlägen reagieren, ist hauptverantwortlich dafür, ob uns unsere Vorhaben gelingen und wir unsere Ziele erreichen. Speziell bei Ausrutschern und Rückschlägen lassen sich viele leicht von ihren Gedanken entmutigen. Bei manchen Schwierigkeiten wird erst überhaupt nicht der Versuch unternommen, sie zu meistern, weil sich eine innere Stimme lautstark meldet: *„Ich schaff das ohnehin nicht! Das ist viel zu schwierig!“*

Während meiner beruflichen Tätigkeit in Kursen der „Gewichtswächter“ ist mir immer wieder aufgefallen, wie destruktiv und unrealistisch *der innere Dialog* besonders bei Frauen ist.

„Ich schaffe das nicht. Ich bin eben schwach!“

„Ich habe schon wieder gesündigt!“

„Gestern bin ich total entgleist!“

„Ich kann nicht auf Schokolade verzichten, ich brauche das eben, wenn ich nervös bin!“
„Ich habe keine Zeit, um schwimmen (laufen, ins Fitnessstudio) zu gehen!“
„Alles Leckere macht eben dick!“
„Alles, was gesund ist, schmeckt nicht!“
„Mein Mann sabotiert mich immer! Immer nascht er vor mir, da kann ich einfach nie widerstehen!“
„Ich war immer dick und werde es bleiben!“
Solche Äußerungen und viele mehr habe ich regelmäßig zu hören bekommen, speziell dann, wenn einmal ein Vorhaben nicht so wie erwartet gelungen ist.
Wie reagieren Sie, wenn Sie einen Fehler machen?
Sagen Sie sich auch oft: „Ich hab‘s ja gleich gewusst, dass ich das nicht schaffe! Ich schaffe das nie! Ich kann das nicht! Ich bin ein Versager! Ich bin zu blöd, zu ungeschickt etc.“?
Glauben Sie, dass Sie es mit so einer Einstellung je schaffen werden, schlank zu werden? Nein! Denn auf diese Weise programmieren Sie sich auf Misserfolg und es ist hundertprozentig sicher, dass Sie scheitern werden!
SIE bewirken es kraft IHRER Gedanken!
Das ist das *Gesetz von URSACHE und WIRKUNG*, das ich Ihnen im Kapitel vom sechsten Schlüssel genau erklären werde. Haben Sie noch bis dahin Geduld!
Fehler, Entgleisungen und Rückschläge gehören zu einem Veränderungsprozess dazu. Entscheidend ist, wie wir darüber denken, wie wir darauf reagieren und wie wir weiter handeln.
Aus Fehlern lernen wir, wie etwas nicht gelingt, und können es beim nächsten Mal anders und besser machen.
Unsere Gedanken haben einen starken Einfluss auf unsere Motivation, unsere Gefühle, unser Verhalten und wie wir die Welt sehen. Durch sie können wir in unserem Leben sowohl die positiven als auch die negativen Aspekte verstärken.

Wer helle Dinge denkt, zieht helle Dinge an

Mit „dunklen“ Dingen verhält es sich ebenso.

In vielen Berufen und Firmen, ganz besonders aber im Spitzensport, wird das Wissen über den Einfluss der Gedanken auf Motivation, Gefühle und Verhalten erfolgreich als Mentaltraining ein- und umgesetzt. Therapeuten trainieren nicht nur den Körper, sondern auch den Kopf.

Voller Hochachtung und Bewunderung blicke ich auf einige berühmte Sportler, die trotz großer Schwierigkeiten und Rückschläge nicht aufgegeben haben und heute wieder als Sieger auf dem Podest stehen. Der Radfahrer Lance Armstrong überwand seine Krebserkrankung und gewann anschließend mehrmals die Tour de France und den Giro d`Italia. Der österreichische Super-Skifahrer Hermann Maier ließ sich nach seinem schweren Unfall, bei dem er fast sein Bein verloren hätte, nicht unterkriegen, schaffte den Weg zurück an die Spitze und gewann schon im ersten Jahr seiner Rückkehr den Skiweltcup.

Abnehmen beginnt im Kopf

Ich habe festgestellt, dass beim Abnehmen der Kopf schwieriger zu trainieren ist als der Körper. Wir selber machen uns eine Veränderung oft schwer mit der Einstellung: „Das ist so schwierig! Ich schaffe das sowieso nicht!“, statt dass wir einfach handeln und tun, was zu tun ist.

Bewusst und noch öfter unbewusst fallen wir immer wieder in dieselben Gedankenfehler.

Ich möchte Sie mit drei besonders tückischen Gedankenfallen bekannt machen:

1) *Alles oder nichts*

   „Entweder ich mache alles richtig oder ich mache es gar nicht! Ich bin perfekt oder ein totaler Versager!“

   Abnehmen ist ein Prozess mit Höhen und Tiefen, bei dem wir aus unseren Fehlern und Erfahrungen eine Menge lernen können.

2) *Verallgemeinerungen*
   Worte wie *alles, immer, keiner, nie* sind ein sicheres Zeichen, dass wir nicht realistisch denken.
   Wenn ich *einmal* bei einer Einladung unkontrolliert gegessen habe, heißt das nicht, dass ich *immer* in solchen Situationen zu viel esse und es daher *nie* schaffen werde.
3) *Übertreibungen und Einseitigkeit*
   So werden Fehler überbewertet und gleichzeitig Erfolge übersehen. Angenommen Sie haben an sechs Abenden der Woche gegessen wie geplant und an einem Abend sind Sie entgleist. Was bewerten Sie mehr??!!

Den eigenen Gedanken auf der Spur
Achten Sie in den nächsten Tagen ganz bewusst auf Ihren inneren Dialog! *Sagen Sie sich immer wieder:*
„Schwamm drüber!
Das krieg' ich schon hin!
Das klappt schon viel besser!
Das hab' ich richtig gut gemacht!
Von Tag zu Tag gelingt es mir besser!
Das ist super!
Toi, toi, toi!"
Machen Sie sich bewusst, Sie können jede Situation als Chance oder Belastung empfinden. Es kommt nur auf Ihre Einstellung an.
So kann ein kalter, klarer Wintertag wunderschön oder schrecklich frostig, ein Geschäftsmeeting interessant oder langweilig, ein Spaziergang in frischer Luft belebend oder kräfteraubend sein.
Wir können in unserem Leben positive und negative Aspekte verstärken. Wir können zum Beispiel gute Nachrichten lesen und uns freuen oder schlechte und uns elend fühlen.
Wenn Sie stets das Schwierige in den Mittelpunkt rücken, werden Probleme entsprechend wachsen und die Schwierigkeiten in Ihrem Leben zunehmen.

Verwenden Sie lieber die *„Fernglasmethode"*, wie ich es seit einigen Jahren zu tun pflege.
Was das ist, möchten Sie gern wissen.
Bei schönen Dingen und bei Erfolgen nutze ich den *Vergrößerungseffekt*. Wenn ich *negative Dinge* oder Fehler bemerke, *drehe ich das Fernglas* einfach *um*. Alles erscheint mit einem Mal kleiner. Versuchen Sie es einmal! Wenn es Ihnen dann mithilfe Ihrer Fantasie gelingt, dass Sie positive Ereignisse hervorheben, sind Sie bereits auf dem besten Weg zu einem glücklichen, erfolgreichen Leben.

Erfolge ohne Misserfolge und lernen ohne Fehler,
das ist wie Tage ohne Nächte und Berge ohne Täler.

✳ STORIES

Aus einem meiner Lieblingsbücher habe ich eine Geschichte entnommen, die mir immer einfällt, wenn mir ausnahmsweise wieder einmal die Worte „Ich kann das nicht" auf den Lippen liegen.
(Arthur Lassen: „Heute ist mein bester Tag")

DIE GESCHICHTE VON DER HUMMEL
Wer denkt oder sagt: „Ich kann nicht!",
setzt sich nur selbst Grenzen.
Denke an die Hummel.
Die Hummel hat eine Flügelfläche
von 0,7 Quadratzentimeter bei 1,2 Gramm Gewicht.
Nach den bekannten Gesetzen der Flugtechnik
ist es unmöglich, bei diesem Verhältnis zu fliegen.
Die Hummel weiß das nicht.
Sie fliegt einfach.

✎ AUFGABE *für die erste Woche:*

Was denken Sie über Essen und Trinken?

....

....

Was denken Sie über „Diät" und Sport?

....

....

Was denken Sie über Veränderungen?

....

....

Was denken Sie bei einem Fehler (Rückschlag)?

....

....

Feedback

Nun, wie ist es Ihnen ergangen?

....

....

Haben Sie öfter positiv oder negativ gedacht?

....

Haben Sie mehr Positives oder Negatives erlebt?

....

Konnten Sie einen Zusammenhang erkennen?

....

Wenn ja, welchen?

....

....

✎ AUFGABE *für die zweite Woche:*
Gedanken ändern:

Was will ich ab nun denken?

....

....

Beim „Gezielt-etwas-weniger-Essen"?

....

....

Beim „Gezielt-etwas-mehr-Bewegen"?

....

....

Bei Verhaltensänderungen?

....

....

Bei Fehlern?

....

....

Bitte beachten Sie:
Ein Fehler ist nur ein Fehler und daraus kann man eine Menge lernen. Beharrlichkeit führt zum Ziel!
Das Verändern Ihrer Gedanken und speziell Ihrer negativen Einstellung braucht Zeit und Geduld. Manche Gedankenmuster und Überzeugungen sind sehr hartnäckig. Bleiben Sie am Ball! Konzentrieren Sie sich dabei am besten immer nur auf den nächsten Schritt, auf den nächsten Tag und dann wieder auf den nächsten Tag!
Mit Ausdauer, Beharrlichkeit und Willenskraft wird es Ihnen gelingen!

Sagen Sie sich dabei immer wieder mit voller Überzeugung:
„Ich schaffe alles, was ich wirklich will!"

Der fünfte Schlüssel: Stehen Sie zu allen Ihren Gefühlen

Vor vielen Jahren habe ich die Vorabendserie „Unsere kleine Farm" im Fernsehen gesehen. In einer Folge litt die jugendliche Heldin sehr unter Liebeskummer und beklagte sich bei ihrer Mutter darüber. Diese antwortete ihr: *„Wenn du Kummer und Schmerz nicht empfinden könntest, wüsstest du nicht, was es heißt, glücklich zu sein."*

An diese Worte habe ich oft denken müssen, wenn ich mich wieder einmal zutiefst betrübt fühlte.

Gefühle bereichern die Landschaft unseres Lebens wie Berge und Täler, wie Sonnenschein und dunkle Wolken. Immer nur Sonnenschein wäre auf die Dauer für viele eintönig und langweilig, genauso, wie wochenlanges Schlechtwetter unsere Stimmung auf den Nullpunkt sinken lassen kann.

Gefühle gehören zum Spektrum menschlicher Empfindungen, und zwar alle Gefühle. Freude, Fröhlichkeit, Liebe genauso wie Trauer, Ärger, Neid, Frust und Angst.

Gefühle sind etwas ganz Natürliches, auch wenn wir sie nicht immer angenehm finden. Sie wechseln ständig wie das Wetter. Alle Gefühle, ob positiv oder negativ, verblassen jedoch mit der Zeit, es sei denn, man entfacht sie immer wieder neu.

Wenn Sie möchten, dass die Liebe in Ihrer Beziehung bestehen bleibt, müssen Sie die Liebe immer wieder neu beleben und pflegen. Wenn Sie möchten, dass Kummer vergeht, dürfen Sie ihn nicht immer wieder neu wecken, indem Sie alten Verletzungen nachhängen.

Es ist mir sehr wichtig, dass Sie alle Ihre Gefühle zulassen und keinesfalls die von Ihnen als negativ bewerteten Emotionen verurteilen und verdrängen, denn hier liegt meiner Erfahrung nach ein wesentlicher Faktor für die erfolgreiche Bewältigung von Gewichtsproblemen.

Gefühle und Essen

✎ AUFGABE

Überlegen Sie einmal! In welchen Situationen essen Sie unkontrolliert? Essen Sie eher zu viel, wenn Sie allein sind oder im Beisein anderer?

....

....

Wann essen Sie unmäßig?

....

....

Welche Stimmung verleitet Sie zum Überessen?

....

....

Schon wieder so viele Fragen, werden Sie jetzt denken. Doch es ist äußerst wichtig, dass Sie darauf ehrlich antworten.

Der weiße Hai! Hilfe! Ein Fressanfall!

Vermutlich kennen Sie den Film vom weißen Hai. Dieses mordgierige Monster verschlang seine Opfer mit Haut und Haaren. Tornados, Wirbelstürme und Hurrikans vernichten oft mit einem Schlag die komplette Ernte eines Jahres.

So ging es mir immer wieder mit ungeplanten Essanfällen. Immer wenn ich längere Zeit mein Essverhalten mit eiserner Disziplin und Willenskraft unter Kontrolle gehabt und schöne Erfolge beim Abnehmen erzielt hatte, brachte ein einziger unerwarteter Fressanfall alle Dämme zum Bersten und zerstörte für lange meine bisherigen Bemühungen, schlank zu werden.

Dabei begann so eine Heißhungerattacke immer scheinbar aus heiterem Himmel. Erst bei genauer Betrachtung stellte ich fest, dass „der Wahnsinn“ Methode hatte.

Es waren sehr wohl Vorboten eines drohenden Unwetters zu erkennen. Dunkle Gewitterwolken wie Ärger, Wut, Frust, Traurigkeit, aber auch Langeweile und Unzufriedenheit waren Auslöser für mein undiszipliniertes Essverhalten. Immer waren es negative Stimmungen und Gefühle, die zu einer Fressorgie führten. Ich geriet dabei in einen regelrechten „Teufelskreis“, aus dem ich nicht herauskam.

Dieser Teufelskreis sah folgendermaßen aus:

Ich ärgerte mich über etwas in meiner Umgebung (Person, Ereignis, Situation) – ich aß – ich ärgerte mich noch immer und war zusätzlich unzufrieden, weil ich gegessen hatte und schwach geworden war – ich aß noch mehr – nun war ich unglücklich und deprimiert, weil ich versagt hatte – „Alles hat keinen Sinn, es ist eh schon wurscht“, sagte ich mir und aß weiter bis zum Überdruss! – Es folgte der Katzenjammer! Kommt Ihnen das vielleicht bekannt vor?

Kennen Sie den Teufelskreis aus eigener Erfahrung?

Sie sind nicht allein damit! In den 25 Jahren meines Wirkens als Kursleiterin in Abnehmgruppen beobachtete ich immer wieder, dass Wissen, Willenskraft und der innige Wunsch, schlank zu werden, nicht ausreichten, unkontrollierte Essanfälle zu vermeiden.

Der Umgang mit den Gefühlen

Aus eigener Erfahrung weiß ich heute, dass die Hauptursache für eine Heißhungerattacke darin liegt, wie wir mit unseren Gefühlen umgehen.

Jeder Mensch ist manchmal traurig, verärgert, wütend, frustriert, ängstlich, verletzt, gestresst etc. Der eine zeigt es mehr, der andere weniger!

Übergewichtige Menschen verbieten sich sehr oft ihre Gefühle, verdrängen sie und lehnen sie ab. Sie wenden sich stattdessen dem Essen zu.
Übergewichtige Menschen neigen häufig dazu, negative Gefühle (selten sind es positive) buchstäblich hinunterzufressen, statt sich ihnen zu stellen, sie zu akzeptieren, sie zu fühlen und zu leben.
Doch wie viel sie auch essen mögen, es ist nie genug. Das Unbehagen bleibt bestehen.
Verdrängte Gefühle wird man so nicht los. Wie ein Ball immer wieder aus dem Wasser auftaucht, wie sehr er auch nach unten gedrückt wird, so kommen unsere Gefühle ebenfalls hoch, bis wir sie wahrgenommen und als zu uns gehörig akzeptiert haben.
Dabei wollen uns unsere Gefühle nur auf etwas aufmerksam machen. Sie richten uns eine Botschaft aus.
So sagt uns der Ärger: „Etwas in deinem Leben ist nicht in Ordnung! Ändere es!", und Wut zeigt uns, dass in uns eine enorme Kraft vorhanden ist, die Kraft, aktiv zu werden und zu handeln.
Wenn ich mir zum Beispiel nun meinen Ärger immer verbiete und ihn aus meinem Leben verbanne, wird er durch die Hintertür immer wieder eintreten und auf sich aufmerksam machen. Wenn ich ihn jedoch zulasse, kann ich seine Botschaft an mich empfangen.
Alles, was ich ablehne und alles, dem ich mich widersetze, bleibt bestehen. Alles, was ich zulasse, kann heilen.
Das Gefühl der inneren Leere ist eine weitere Hauptursache fürs Überessen.
Diese innere Leere, der Mangel in uns, wird mit Essen ausgefüllt. Essen wird dann zum Ersatz für andere Dinge, die in unserem Leben fehlen, wie zum Beispiel eine glückliche Partnerschaft, mehr Freunde, ein Beruf, der uns erfüllt, oder einfach mehr Zeit für uns selbst. Des Lebens Süße fehlt, wenn sich jemand mit Süßigkeiten voll stopft.
Essen als Ersatz für fehlende Lebensfreude, Vergnügen, Lachen und Fröhlichkeit wird jedoch niemals zufrieden stellen. Wie viel wir auch essen mögen, der Hunger nach Leben bleibt bestehen.

✎ FRAGEN

Welche Stimmungen und Gefühle verleiten Sie zum Essen?

....

....

Sind es positive oder negative Gefühle?

....

....

Was fehlt Ihnen?

....

....

Wonach sehnen Sie sich?

....

....

Feedback

Was haben Sie über sich, Ihre Gefühle und Ihr Leben erfahren?

....

....

Hat es Sie überrascht?

....

Möchten Sie *ein Werkzeug* kennen lernen, wie Sie besser mit sich und Ihrem Leben zurechtkommen können?
Im sechsten und letzten Schlüssel zum Wunschgewicht werde ich Ihnen über das Spiegelgesetz *und die Spiegelgesetz-Methode*® berichten, womit sich nicht nur *mein Gewicht, sondern auch mein Leben* seit einigen Jahren so wunderbar verändert hat.

Gedanken sind Kräfte!
Alles, was ist, war zuerst Gedanke!
In einem früheren Kapitel habe ich schon angedeutet, dass wir mit unseren Gedanken unser Leben und unsere Lebensumstände erschaffen. Vielleicht ist einigen von Ihnen, liebe Leser, die Verantwortung, die Sie dadurch für Ihr Leben übernommen haben, noch nicht richtig bewusst geworden. Mit Gedanken sein Leben gestalten, ist das nicht Blasphemie, eine Gotteslästerung, werden Sie vielleicht einwenden.
Ich habe in vielen Gesprächen mit klugen, lebenserfahrenen Menschen, aus unzähligen Büchern namhafter Gelehrter und Philosophen aus aller Welt für mich die Erkenntnis gewonnen, dass Gott uns mit dem freien Willen auch die Freiheit gegeben hat, zu denken, was wir wollen, und damit unsere Wirklichkeit zu erschaffen.

Gedanken, Gefühle, Handlungen, Auswirkungen
Stellen Sie sich vor, Sie gehen in der Dämmerung durch einen wenig besuchten Park.
Was fühlen Sie? Angst? Warum?
Sie haben daran gedacht, dass unlängst in der Zeitung gestanden ist, dass eine Frau in einem Park überfallen worden ist. Deshalb spüren Sie Angst.

Doch nicht jeder hat Angst, wenn er im Dunkeln durch den Park geht.
Wenn der jugendliche Thomas durch den Park nach Hause läuft, denkt er daran, dass er zu spät dran ist und seine Mutter ihm Vorwürfe machen wird, und deshalb fühlt er Ärger.
Der verliebte Georg hingegen ist in Gedanken schon beim Rendezvous mit seiner Liebsten und Freude erfüllt sein Gemüt.
Gedanken verursachen unsere Gefühle. Die Gefühle führen wiederum zu bestimmten Handlungen und die Handlungen ziehen Auswirkungen und Konsequenzen nach sich.
Es ist daher nicht egal, was ich denke!

Das Gesetz von Ursache und Wirkung

Ich erlebe die Welt durch den Filter meiner Überzeugungen, dabei ist es völlig egal, ob ich positiv oder negativ denke, ob mir meine Gedanken bewusst oder unbewusst sind. Mit meinen Gedanken erschaffe ich meine Lebensumstände.
Mit meinen Gedanken setze ich die *Ursache*, die *Wirkung* sehe ich in meinem Leben.
Zum noch leichteren Verständnis will ich Ihnen das Beispiel vom Garten erzählen:

„Du erntest, was du säst!"

Wenn ich in meinem Garten Radieschen anpflanze, so werden Radieschen wachsen. Wenn ich Karotten anpflanze, so werden Karotten wachsen.
Wenn ich möchte, dass in meinem Garten Sonnenblumen wachsen, so muss ich zuerst Sonnenblumenkerne in die Erde stecken, sie regelmäßig gießen und pflegen.
Wenn in einer Ecke meines Gartens Tulpen wachsen, so kann ich daraus schließen, dass irgendwann, es ist vielleicht schon einige Zeit her, dort Tulpenzwiebeln gepflanzt worden sind.

Dasselbe Phänomen gilt auch für meinen Lebensgarten. Liebe, Reichtum, Erfolg, Freude, Heiterkeit und Glück gedeihen nur dann, wenn ich zuerst die Samen dafür in die Erde gelegt habe.
Wenn Lebensumstände sprießen, die ich nicht haben möchte, zum Beispiel eine unglückliche Beziehung, häufiger Konflikt mit Kollegen, ein Bankkonto, das ständig im Minus ist, so kann ich, dem Gesetz von Ursache und Wirkung zufolge, daraus erkennen, was ich gepflanzt haben muss. ICH muss die Verantwortung übernehmen. Denn ICH habe es gedanklich verursacht (angepflanzt), auch wenn es mir nicht mehr bewusst ist.

Alles, was Ihnen heute passiert, haben SIE früher bewusst oder unbewusst gedanklich in Bewegung gesetzt.
Wollen Sie die Wirkungen und Reaktionen in Ihrem Leben ändern, so müssen Sie die Ursachen, Ihre Gedanken, ändern.
Die Qualität unserer Gedanken wird durch unseren Glauben, unsere Einstellung und unsere Überzeugungen bestimmt. Negative Gedanken wirken irgendwann im Leben negativ, positive Gedanken positiv.
Wer das weiß und anwendet, kann sein Leben bewusst gestalten.
Viele unserer Überzeugungen sind uns gar nicht mehr bewusst, doch wie in einem Computer sind sie fix abgespeichert und wirken so lange in unserem Leben weiter, bis wir sie ans Tageslicht bringen, sie überprüfen und gegebenenfalls löschen.
Als einfachste Methode zum Aufspüren unbewusster Überzeugungen eignen sich das Spiegelgesetz und die Spiegelgesetz-Methode®, die ich glücklicherweise vor einigen Jahren kennen lernen durfte und die ich seither anwende und in meinen Büchern und Workshops vielen anderen Menschen nahe bringe.

„Wir sind nicht auf dieser Welt, um zu leiden, sondern um froh und glücklich zu sein.“

(Ein Kurs in Wundern, Greuthof 2001)

Der sechste Schlüssel:
Mein Körper und mein Gewicht sind mein Spiegelbild

Der wichtigste Schlüssel zum Schlankwerden und Schlankbleiben

Alle fünf bisher beschriebenen Schlüssel sind hilfreich beim Schlankwerden. Abnehmen kann jeder. Schlankwerden ist für die meisten schon eher eine „Sisyphus"-Arbeit. Und ein Leben lang *schlank bleiben* ist für die Mehrheit ein schier utopisches Ziel.
Aus meiner eigenen Erfahrung und der jahrelangen Kurserfahrung mit „Abnehmwilligen" weiß ich, wie schwer den meisten das Schlankbleiben fällt. Viele schaffen es nie oder nur mit lebenslanger eiserner Disziplin. Auch mir ist es jahrzehntelang nicht anders ergangen. In jungen Jahren fiel mir das Schlankbleiben noch relativ leicht. Auf drei Wochen „normal" essen folgte eine karge Woche. In fortgeschrittenem Alter war es genau umgekehrt. Eine „lockerere" Woche bezahlte ich mit drei mühevollen „Fastenwochen", um mein Gewicht zu halten. Später schaffte ich nicht einmal das.

✎ FRAGEN

Wie viele Kilos haben Sie in Ihrem bisherigen Leben schon abgenommen?

....

....

Wie lange konnten Sie Ihr Gewicht halten?

....

....

Manche Leute entschließen sich dreimal im Jahr zu einer „Fastenkur“ und stellen dabei fest, dass Sie jedes Mal schwerer beginnen als vorher. Manche halten durch bis zum Wunschgewicht und erreichen es. Stolz blicken sie dann auf eine Gewichtsabnahme von zwanzig, dreißig Kilos zurück. In meinem Kurs hatte eine junge Mutter einmal sogar sechzig Kilos abgenommen und ein junger Mann hatte fünfzig Kilo verloren. Doch nur Kilos, die auch „langfristig“ wegbleiben, können unter dem Konto „abgenommen“ verbucht werden, sonst ist es nur ein Scheinerfolg.
Manchen gelingt es wirklich, ihr Wunschgewicht über Jahre beziehungsweise ein Leben lang zu behalten.
Wo liegt da der Unterschied?

Um *dauerhaft schlank zu bleiben*, bedarf es nicht nur einer Ernährungsumstellung und vermehrter körperlicher Aktivität, sondern vor allem eines *NEUEN UMGANGS mit sich SELBST*.

Der Rückfall in alte Essgewohnheiten und damit verbunden die Rückkehr der „abgespeckten“ Kilos ist vorprogrammiert, wenn Sie nicht erkennen, was wirklich hinter Ihrem Übergewicht steckt.

Der Umgang mit sich selbst
Hand aufs Herz!
Wie stehen Sie zu sich und Ihrem Körper?
Mögen Sie, was Sie täglich im Spiegel sehen?
Lehnen Sie sich und Ihr Aussehen sogar ab?

Sind Sie rund und pummelig?
Ist Ihr Busen zu klein/zu groß?
Sind Ihre Hüften zu breit, die Beine zu dick?
Ist die Haarfarbe verkehrt?
Finden Sie sich mit einem Wort ganz schön scheußlich und halten Sie sich überhaupt für einen Fehltritt der Natur?

„Das Morgengrauen beginnt mit dem ersten Blick in den Spiegel“,
ist ein Bonmot, das allgemein bekannt ist.
Ich möchte dem noch hinzufügen, der erste morgendliche kritische Blick in den Spiegel und der unerlässliche Schritt auf die Waage reichten meist vollkommen, um meine Stimmung niederzudrücken.
Geht es Ihnen auch manchmal so, lieber Leser? Nun, dann werden Sie verstehen, was ich meine.

Die Macht der Waage
Viele Jahre war ich abhängig von der Waage. Mich täglich zu wiegen gehörte zu meinem morgendlichen Ritual. Besonders wenn ich gerade wieder einmal dabei war „abzuspecken“, wurde das Wiegen fast „lebenswichtig“ für mich. Hatte ich abgenommen, ging es mir super, zeigte die Waage jedoch längere Zeit einen Gewichtsstillstand oder sogar eine Zunahme, sank meine Stimmung in den Keller und meine Motivation schwand dahin. Ich ließ mich von der Waage regelrecht tyrannisieren.
Unser Körper ist aber keine Maschine und tägliche Gewichtsschwankungen sind in einem gewissen Rahmen normal. Es ist daher sinnvoller, sich maximal einmal wöchentlich oder alle vierzehn Tage zu wiegen.
Aus eigener Erfahrung weiß ich, dass, „nicht täglich auf die Waage zu steigen“, am Anfang ganz schön schwer fällt. Deshalb verbannte ich dieses masochistische Utensil für die erste Zeit in den Keller und holte es erst, als ich einen entspannteren Umgang mit meinem Gewicht gelernt hatte.

Tipps, wie Sie Ihr Selbstbewusstsein steigern:
- Loben Sie sich selbst.
- Sprechen Sie immer gut von sich selbst.
- Nehmen Sie Komplimente an.

- Behandeln Sie Ihren Körper gut (Ernährung, Bewegung, Pflege).
- Lassen Sie sich von anderen Menschen nicht schlecht behandeln.
- Behandeln Sie andere Menschen gut.
- Lesen Sie Bücher, die Sie auf gute Gedanken bringen und Sie inspirieren.
- Begeben Sie sich in gute Gesellschaft.
- Halten Sie sich immer Ihr Wunschbild vor Augen, nicht Ihren gegenwärtigen Zustand.

Was mir mein Körper sagen möchte

Meine Liebe!

Nach langem Zögern habe mich entschlossen, heute an dich zu schreiben.

Mit Freude habe ich festgestellt, dass du mich seit einiger Zeit viel besser behandelst und netter mit mir umgehst.

Es tut mir so gut, dass du viel regelmäßiger isst und leckere Mahlzeiten mit mehr Gemüse und weniger Fett kochst. Lange Zeit war das nämlich nicht der Fall!

Wie oft habe ich Nachtschichten einlegen müssen, um die Berge von Süßigkeiten, die du speziell am Abend gefuttert hast, zu verdauen. Dabei habe ich dich ohnehin mit Magendrücken und Schlaflosigkeit aufmerksam machen wollen, dass mir deine Essexzesse nicht bekommen.

Dann gab es wiederum Zeiten, in denen du die unmöglichsten Diäten befolgtest und ich nur mit Eiern oder Bananen und Ananas auskommen musste oder kaum mehr als ein paar Blättchen Salat bekam. Der ewige Topfen und das Knäckebrot hingen mir oft zum Hals heraus.

Dazu kam noch, dass du manchmal tagelang nur herumsaßest, zuerst im Büro, dann vor dem Fernseher und ich schon ganz schlapp war vor lauter Luft- und Bewegungsmangel!

Dann schlepptest du mich wiederum ins Fitnessstudio und trainiertest gnadenlos, bis mir alle Muskeln weh taten.

Doch besonders traurig war ich, dass ich dir überhaupt nicht gefiel und du ständig an mir herumgenörgelt hast. Nichts fand Gnade vor deinen Augen! Dabei bist du doch eine groß gewachsene, wohl proportionierte Frau und hast so schöne Augen. Hast du noch nicht bemerkt, wie angenehm deine Stimme klingt und dass andere dir gerne zuhören?

Warum bekämpfst du mich denn ein Leben lang? Ich bin dein einziger wirklicher Besitz!
Mach dir das einmal bewusst.
Geliebte Menschen, Freunde, deine Wohnung, dein Auto, dein Vermögen, alles kannst du verlieren, doch ich bleib dir treu. Ich bleibe immer bei dir, bis dass der Tod uns scheidet.
Wenn es mir gut geht, wenn ich in einem guten Zustand bin, dann geht es auch dir gut!
Drum sorge bitte künftig gut für mich! Sei liebevoller zu mir, ich tue ohnehin für dich, was ich kann!

Zum Dank für deine bessere Behandlung in der letzten Zeit will ich dir heute etwas ganz Wichtiges mitteilen: Ich mache dich nämlich immer auf etwas aufmerksam und will dir Botschaften zukommen lassen. Ich diene dir als Spiegelbild und zeige dir durch dein Gewicht Eigenschaften, die du dir nicht erlaubst, die jedoch zu dir gehören, weil es deine besonderen Stärken und Talente sind. Weil du bisher aber diesen Zusammenhang noch nicht gemerkt hast, kommen meine beziehungsweise deine Kilos immer wieder aufs Neue zu dir zurück, bis dir klar wird, was sie für dich bedeuten.
Viel Erfolg beim „Entschlüsseln“!

Alles Liebe von deinem Körper!

Was meinen Sie, lieber Leser? Würde ein Brief Ihres Körpers an Sie ähnlich ausschauen?

Gleichgültig, wie unser Körper aussieht, ob er uns gefällt oder nicht – wir haben nun einmal nur diesen einen, und zwar ein Leben lang. Unser Leben dauert nur so lange, wie unser Körper existiert. Die Qualität unseres Lebens wird der Qualität unseres Körpers entsprechen.

Wer diese Wahrheit begriffen hat, wird automatisch anfangen, gut für seinen besten Freund zu sorgen.

✎ FRAGEN

Was empfinden Sie für Ihren Körper?

....

....

Was gefällt Ihnen?

....

....

Was gefällt Ihnen nicht?

....

....

Was können Sie verändern?
(Ernährung, Sport oder auf andere Weise)

....

....

Womit müssen Sie sich abfinden?

....

....

Schaffen Sie eine freundschaftliche Beziehung zu Ihrem Körper. Ihr Körper ist keine Maschine, kein Objekt zum Vorzeigen und kein Anhängsel zum Ignorieren, sondern ein lebendiger Organismus mit einzigartigen Eigenschaften und Besonderheiten. Auf der ganzen Welt gibt es ihn nur einmal. Ihr Körper ist ein Freund zum Wohlfühlen und zum Akzeptieren.

Mein Gewicht ist ein Spiegelbild –
Was mir mein Körper durch mein Gewicht sagen will!

Es ist auf die Dauer wenig erfolgreich, wenn ich nur im Außen durch *weniger essen* und/oder *mehr Bewegung* mein Gewicht verändere und abnehme, wenn ich gleichzeitig in meinem Inneren an Überzeugungen festhalte, die meine verlorenen Kilos wieder zurückbringen. Ich brauche nämlich *mein Gewicht*, damit ich *(Ge)Wichtiges über mich* erkennen kann. Der Schlüssel zu dieser Erkenntnis ist das Spiegelgesetz.

Das Gewicht als Symptom meines Körpers *macht mich aufmerksam, was ICH tun müsste.*

ICH muss *zuerst* die *gewichtsfördernde Überzeugung in meinem Inneren löschen,* dann kann sich *im Außen mein Gewicht bleibend verändern,* weil ich es nicht mehr als Spiegelbild brauche.

Es kann sein, dass Sie lieber Leser, daran Ihre Zweifel haben. So einfach kann es doch nicht sein, meinen Sie!

Ich weiß aus eigener Erfahrung und aus dem Feedback vieler Teilnehmer meiner Workshops *„Meine Kilos spiegeln mich"* um die verblüffende Wirkung der Spiegelgesetz-Methode® als Werkzeug, um überflüssige Kilos endgültig loszuwerden.

Das Spiegelgesetz ist der wichtigste Schlüssel zum Schlankwerden und Schlankbleiben!

„Es ist oft erst der letzte Schlüssel, der ein Schloss aufsperrt!“, lautet ein englisches Sprichwort.

Diesen letzten Schlüssel übergebe ich Ihnen jetzt feierlich und wünsche Ihnen damit viel Erfolg!

Das Leben – ein Spiegel

In meinem ersten Buch *„LEICHT und FREI“* habe ich schon einmal über das Spiegelgesetz geschrieben. Ich wiederhole in diesem Buch ausführlich, welche neue verblüffende Sichtweise man durch diese einfache Methode gewinnt.

Das Spiegelgesetz – Was kann alles ein Spiegelbild sein?

Alle Personen, die mich aufregen,
alle Situationen, unter denen ich leide,
meine Lebensumstände, die mich unzufrieden machen,
kurzum, alles, was mich gefühlsmäßig aus dem Gleichgewicht bringt, und ganz besonders Symptome meines Körpers dienen mir als Spiegelbilder meines Bewusstseins.

Sie machen mich aufmerksam, dass etwas in meinem Inneren nicht stimmig ist.

So ist mein Partner, mein Kind, mein Kollege, mein Chef, mein Haustier, mein Auto, der Zustand meines Bankkontos, mein Körper und mein Krankheitssymptom ein Spiegelbild meiner inneren Überzeugungen. Alles, was ich in meinem Leben erlebe, ist ein Spiegel meiner bewussten und unbewussten Gedanken.

Wie innen, so außen!

Ich kann im Außen (Spiegel) nur das erkennen, was ich in mir drinnen habe.

Ist Ihnen das klar? Verstehen Sie das? Nicht ganz?

Nun, dann will ich es Ihnen weiter erklären.

Wenn Sie mit *freundlichem* Gesicht in den Spiegel schauen, was blickt Ihnen entgegen?
Ganz einfach! Ein Mensch mit einem *freundlichen* Gesicht.
Wenn Sie hingegen *verdrossen und griesgrämig* in den Spiegel schauen, sehen Sie einen *verdrossenen, griesgrämigen* Menschen im Spiegel.
Ich nehme an, das leuchtet Ihnen ein, liebe Leser?
Wenn ich in den Spiegel schaue, erfahre ich, wie ich aussehe.
Mithilfe des Spiegelgesetzes erfahre ich, wie es *in mir* aussieht, was ich vorwiegend denke und wovon ich fest überzeugt bin.
Durch die Spiegelbilder in meinem Leben (Personen, immer wiederkehrende Situationen, Vorfälle mit meinem Auto, der Zustand meines Körpers) kann ich erkennen, was sich in der Vergangenheit bis heute in meinem Bewusstsein befindet, auch wenn ich das überhaupt nicht mehr weiß. Mit unserem Bewusstsein verhält es sich wie mit einem Eisberg. Nur circa 10 % können wir sehen, 90 % sind unsichtbar unter Wasser.

Die Autorin Christa Kössner, die Urheberin der Spiegelgesetz-Methode®, beschreibt das Bewusstsein als eine riesengroße Kugel gefüllt mit Tausenden kleinen Kugeln, bunten, hellen, aber auch vielen grauen und schwarzen. Der Inhalt der dunklen Kugeln ist uns unbekannt. Doch mithilfe des Spiegelgesetzes und der Spiegelgesetz-Methode® können wir daran kratzen und sie öffnen.

Wann soll ich in den Spiegel schauen?
Immer dann, wenn mich etwas gefühlsmäßig aus dem Gleichgewicht bringt und ich traurig, wütend, verärgert und verletzt bin, ist es Zeit, in den Spiegel zu schauen, damit ich etwas Wichtiges über mich erkennen kann.

Mein Spiegelbild macht mir immer zwei Geschenke

Es zeigt mir erstens, was ich ohne es nicht sehen könnte, und macht mich auf Stärken aufmerksam, die ich habe. Zweitens erfahre ich, mit welchen unbewussten Überzeugungen ich verhindere, diese besonderen Eigenschaften und Fähigkeiten in meinem Leben auszudrücken.

Gefällt mir an einem der Spiegelbilder etwas nicht und ärgere ich mich darüber oder bin wütend, traurig und verletzt, so muss ICH nur MEINE inneren Programme (Überzeugungen, Glaubenssätze) ändern und mein Spiegelbild wird sich ändern.

Wenn ich in meinem Leben immer wieder auf Personen treffe, an denen mir bestimmte Eigenschaften besonders auffallen, so kann ich sicher sein, dass ich diese Eigenschaften in mir habe, sonst könnte ich sie an anderen Menschen nicht erkennen.

Beispiel:

So weit, so gut!

Wenn es sich um Eigenschaften handelt, die mir gefallen, so ist das für mich kein Problem! Denn wenn ich in meiner Umgebung ständig *freundliche und hilfsbereite Leute* bemerke, so heißt das demzufolge, dass *ICH freundlich und hilfsbereit bin.*

Wie bedeutet das jedoch, wenn ich mich oft *über arrogante und rechthaberische Zeitgenossen ärgere?*

Genau das, wie bei dem früher beschriebenen griesgrämigen Spiegelbild. *ICH bin* es, der *arrogant und rechthaberisch* ist in einem bestimmten Lebensbereich.

Doch ich verurteile es an mir und anderen! Arrogant und rechthaberisch zu sein, das ist das Letzte, was ich sein darf und will!

Dabei bedarf es nur eines *kleinen Tricks*, um zu erkennen, welche mir verborgenen Qualitäten jemand hat, den ich als arrogant und rechthaberisch bezeichne.

Ich muss mir nur die Frage stellen: *„Was kann jemand besonders gut, von dem ich behaupte, der ist arrogant?“*

Mögliche Antwort (bei einem Spiegelbild gilt immer die eigene, individuelle Deutung):

arrogant: selbstsicher, selbstbewusst, kennt seinen Wert

rechthaberisch: sich behaupten, konsequent sein, an seiner Überzeugung festhalten

Somit spiegelt mir zum Beispiel die Kollegin, die ich als *arrogant und rechthaberisch* beurteile und über die ich mich ständig ärgere, nach dem Prinzip *DU bist ICH* in Wirklichkeit *MEINE Stärken*, nämlich *selbstsicher und durchsetzungsfähig zu sein.*

Das Spiegelbild meiner Kollegin zeigt mir:

„Du bist selbstbewusst. Du kennst deinen Wert.“

„Du bist von dir überzeugt. Du kannst dich durchsetzen.“

Die Botschaft meines Spiegelbildes lautet:

„Lebe deine Selbstsicherheit! Sei selbstbewusst!
Halte an deiner Überzeugung fest und setz dich durch!“

Warum lebe ich diese Selbstsicherheit nicht? Warum setze ich mich nicht durch?

Es gibt einen Glaubenssatz in mir, der verhindert, dass ich meine offensichtlichen Stärken, *selbstsicher* zu sein und *mich durchzusetzen*, lebe.

Irgendwann in meinem Leben, wahrscheinlich in der Kindheit, habe ich die schmerzliche Erfahrung gemacht, dass es schlecht, gefährlich und verboten ist, selbstsicher zu sein und sich durchzusetzen, dass ich das nicht darf. Diese Erfahrung ist in meinem Bewusstsein gespeichert wie in einem Computer. Ich erinnere mich heute wahrscheinlich gar nicht mehr daran. Gleichviel schaltet sich dieses gespeicherte Programm immer ein, wenn es darum geht, selbstsicher zu sein und zu meiner Überzeugung zu stehen, und verhindert, dass ich mich so verhalte.

Mit gezielten Fragen kann ich jedoch die Überzeugung, die mein Spiegelbild in meinem Leben hervorruft, herausfinden (siehe Beispiel beim Symptom).

Rufen Sie sich in Erinnerung:
SIE selbst sind es, der jede Person und jede Situation durch seine Überzeugungen in sein Leben holt. Dabei ist es egal, ob es sich um positive, negative, um bewusste oder unbewusste Glaubenssätze handelt. Durch die Spiegelbilder in Ihrem Leben erhalten Sie aber die Chance, alte Programme in Ihrem Innern aufzuspüren, sie kritisch zu betrachten und zu wählen, ob sie deren Wirkung weiter „er-leben" möchten oder ob Sie sich endgültig von ihnen trennen wollen.
Tun Sie das und trauen Sie sich, Ihre Stärken, die Ihnen gespiegelt worden sind, zu leben, dann ändern sich im Außen Ihre Spiegelbilder. So verhält sich die Kollegin nicht mehr arrogant und rechthaberisch oder sie verschwindet aus Ihrer Umgebung.
Das können Sie sich noch nicht vorstellen?
Nun, das habe ich fast erwartet.
Probieren Sie es einfach einmal aus! Sie werden sehen, es stimmt! Ich will Ihnen, wie schon so oft, aus meiner eigenen Erfahrung eine verblüffende Begebenheit erzählen.

✳ STORIES

In der Woche nach meiner ersten Teilnahme an einem Spiegelgesetz-Workshop bei Christa Kössner fragte mich mein lieber Mann, was ich davon halte, wenn er mit einigen Kollegen eine mehrtägige Wanderung unternähme. Das überraschte mich sehr. Monatelang hatte es mich nämlich sehr genervt, dass mein holder Gatte meist untätig im Wohnzimmer thronte und nichts ohne mich unternehmen wollte. Was war da passiert? Nun ich hatte durch ihn gespiegelt bekommen, was ICH tun sollte. ICH sollte mir Ruhe gönnen und einfach einige Zeit nichts tun! Indem ich mein liebloses Urteil gegen meine eigene Untätigkeit und die anderer Leute aufhob, befreite ich meinen Mann aus der Verpflichtung, mir Untätigkeit vorzuleben. Seither unternimmt er auch einiges ohne mich (Museumsbesuche, Ausstellungen, Wanderungen), ich hingegen verbringe Stunden in völliger Ruhe und Entspannung. Das wäre früher für mich undenkbar gewesen.

„Eine gute Hausfrau hat immer etwas zu tun und darf nicht auf der faulen Haut liegen!“, war meine Überzeugung, die verhindert hat, dass ich einmal nichts tue und mich entspanne.
Mit der Spiegelgesetz-Methode® gelang es mir in 4 einfachen Schritten, meinen Glaubenssatz aufzudecken, zu überprüfen, ob er jetzt für mich noch stimmig ist, und mich von ihm zu trennen.

✎ FRAGEN
Du-Botschaften:

Wer hat Sie in der letzten Zeit geärgert, gekränkt oder wütend gemacht?

....

Was werfen Sie ihm oder ihr vor?

....

Was stört Sie an dieser Person?

....

Fragen Sie sich, *was kann jemand besonders gut*, der die von Ihnen vermutlich negativ beschriebene Eigenschaft beziehungsweise das negative Verhalten zeigt.

In meinen Workshops habe ich festgestellt, dass es vielen Teilnehmern schwer fällt, an Spiegelbildern, die Sie aus der Fassung bringen, etwas Positives zu sehen.
Deshalb mein Tipp:
Stellen Sie sich eine x-beliebige Person vor, die diese negative Eigenschaft oder das negative Verhalten hat. Dann fragen Sie sich,

was dieser Mensch besonders gut kann, gerade durch die beschriebene Eigenschaft. So finden Sie leichter die positive Seite und das ist Ihr Geschenk.
Beispiele für Negativ-Positiv-Umwandlungen finden Sie im Anhang dieses Buches.

Die vier Schritte der Spiegelgesetz-Methode® nach Christa Kössner

1) *Beschreiben:*
   Beschreiben Sie die Person, die Situation oder das Ereignis, das Sie ärgert, wütend macht oder Sie verletzt, in ein paar Sätzen. Nicht analysieren, nur beschreiben!
2) *Verantwortung übernehmen, entschlüsseln:*
   Übernehmen Sie die Verantwortung dafür! SIE haben das kraft Ihrer Überzeugung bewirkt!
   Entschlüsseln des Spiegelbildes (Du bist ICH).
   Aufspüren der dahinter stehenden festen Überzeugung in einem Satz.
3) *Danken und liebevolles Loslassen:*
   Danken Sie Ihrem Spiegelbild, dass es Ihnen gezeigt hat, welche Stärken und Talente in Ihnen schlummern, die Sie bisher aus Ihrem Leben ausgeschlossen haben.
   Betrachten Sie die Überzeugung, die Sie als Ursache dafür gefunden haben.
   Sie können wählen, ob Sie diese beibehalten wollen oder sie aufgeben. (Ritual: aufschreiben, wählen, zerreißen, verbrennen)
4) *Die neue Idee:*
   An der Stelle, an der Ihr gelöschtes Programm war, können Sie nun einen neuen Gedanken pflanzen, der Sie froh und glücklich macht! Wiederholen Sie ihn täglich viele Male mit Gefühl und freuen Sie sich dabei! Er wird wachsen und in Ihrem Leben zum Ausdruck kommen.

Aus Erfahrung weiß ich, dass es vielen am Anfang schwer fällt, den stiftenden Glaubenssatz allein zu finden. Man sieht viel eher „den Span im Auge des Nachbarn, doch den Balken vor dem eigenen Kopf“ bemerkt man nicht. Deshalb rate ich Ihnen, sich von ausgebildeten Spiegelgesetz-Coaches bei der Entschlüsselung Ihrer Spiegelbilder helfen zu lassen, bis Ihnen diese Methode vertraut ist.

Ich kann die Spiegelbilder im Außen, die in Gestalt von Personen oder in Form von Lebensumständen und immer wiederkehrenden Situationen in meinem Leben erscheinen, natürlich auch ignorieren. Ich kann sie auf die Seite schieben wie lästige Postpakete. Doch irgendwann werden sich diese Postpakete in einer Ecke meines Zimmers so hoch getürmt haben, dass ich nicht mehr vorbei kann und sie mir den Weg versperren. Dann muss ich mich ihnen widmen, sie anschauen und auspacken.
Das geschieht, wenn mein Körper ein Symptom (Krankheit) zeigt. Ich muss es zur Kenntnis nehmen und es behandeln. Es ist für meine Gesundung jedoch äußerst wichtig, dass ich gleichzeitig mit der Behandlung durch den Arzt (außen) herausfinde, welche Ursachen in meinem Inneren gerade dieses Symptom hervorgerufen haben.

Was ist ein Symptom?
Unser Körper macht sich durch ein Symptom bemerkbar. Dieses Symptom ist immer ehrlich. Es zeigt genau die Eigenschaften, die ich mir verbiete und die ich aus meinem Leben ausklammere, obwohl sie zu meiner Vollkommenheit gehören.
Es lebt an meiner Stelle Eigenschaften und Verhaltensweisen, die ich ablehne und verurteile, obwohl sie meine Stärken sind.
Mit der Anwendung der Spiegelgesetz-Methode® bin ich imstande, die Lösung des Rätsels zu finden und Licht ins Dunkel zu bringen.

Mein Symptom Übergewicht spiegelt mich

Beispiel:

Schritt 1 – Beschreiben:

Was stört mich an meinem Gewicht (Körper, Figur)?
Womit bin ich unzufrieden?
Mit welcher Eigenschaft?
Mit welchem Verhalten?
Beispiel: schwer – platzt aus allen Nähten

Schritt 2 – Bejahen, danken und entschlüsseln:

Beispiel:
Ich *brauche* genau diese Eigenschaft, dieses Verhalten, damit ich *geheilt* werde und *vollkommen* bin! Es gehört zu meinem Wesen, *schwer* zu sein und *aus allen Nähten zu platzen.*
Umwandeln: In dieser negativen Form werde ich mein Geschenk nicht erkennen können, doch wie bei einer Medaille gibt es zwei Seiten. Ich sehe bisher nur die Kehrseite der Medaille. Doch es gibt eine Vorderseite. Wenn ich sie umdrehe, lerne ich sie kennen.

negative Eigenschaft:	positive Eigenschaft:
schwer	*(ge)wichtig, bedeutend*
negatives Verhalten:	positives Verhalten:
aus allen Nähten platzen	*mehr Platz brauchen, sich befreien*

DU = ICH
Die Botschaft meines Spiegelbildes „Gewicht“ lautet wie folgt:
„Du bist wichtig!“,
„Du brauchst mehr Platz!“
und fordert mich auf:
„Nimm dich wichtig!“
„Nimm dir in einem wichtigen Bereich deines Lebens mehr Platz!“
„Befreie dich von altem Ballast!“

Diese Botschaften sind mein Geschenk. Es ist jedoch verpackt. Ich muss eine Hülle nach der anderen entfernen, um zum Inhalt des Paketes zu gelangen.
Es gilt dabei herauszufinden, mit welcher unbewussten Überzeugung ich mir verbiete, wichtig zu sein (positive Seite) und mir mehr Platz zu nehmen (positiver Aspekt).
Beim Frage-Antwort-Spiel ist es wichtig, den logischen Verstand zur Seite zu schieben und auf *spontane Antworten aus dem Bauch* zu hören.

Aufspüren des unbewussten Glaubenssatzes:

Beispiel 1:
Eigenschaft: wichtig
Frage: Was habe ich gegen Menschen, die sich wichtig nehmen?
Antwort: Die sind überheblich!
F: Na und! Sind sie halt überheblich. Was ist daran so schlimm?
A: Sie ignorieren die anderen und setzen sich über deren Wünsche hinweg!
F: Na und! Was ist so schlecht daran, die anderen und ihre Wünsche zu ignorieren? Was passiert, wenn du das tust?
A: Dann nehme ich mich wichtiger als die anderen!
F: Na und! Nimmst du dich halt wichtiger als die anderen! Du bist ab jetzt die wichtigste Person in deinem Leben!
A: Das darf ich nicht! *Die anderen sind immer wichtiger als ich!* (Mulmiges Gefühl im Magen, mir kommen die Tränen.)
Das ist der Glaubenssatz, den mir mein Gewicht mit der Eigenschaft *schwer* gespiegelt hat.
Irgendwann in meinem Leben habe ich die leidvolle Erfahrung gemacht, dass die anderen wichtiger sind als ich und dass *es verboten ist, sich wichtiger als die anderen zu nehmen.* Diese Überzeugung wirkt heute noch, obwohl sie mir überhaupt nicht mehr bewusst war.

Beispiel 2:

Verhalten: sich mehr Platz nehmen, sich befreien.

Frage: Was stört mich an Menschen, die sich Platz nehmen, so viel sie brauchen?

Spontane Antwort: Sie nehmen den anderen Platz weg, ihre Familie hat dann weniger Platz.

F: Na und! Hat halt die Familie weniger Platz. Was ist daran so schlimm?

A: Dann fühlt sich die Familie nicht mehr wohl.

F: Na und! Fühlt sie sich halt nicht wohl. Was ist daran schlecht für dich?

A: Dann sind sie nicht mehr gerne zu Hause.

F: Wer? Dein Mann oder deine Kinder?

A: Meine Kinder kommen dann nicht mehr zu Besuch und mögen mich nicht mehr!

F: Na und! Was ist daran so furchtbar?

A: Dann bin ich eine schlechte Mutter, denn ich allein trage die Verantwortung für ihr Wohlbefinden! (Dabei bin ich tief berührt und fange an zu weinen.)

Schritt 3 – Wählen: aufgeben oder behalten

Beispiel:

Gefundene Überzeugung:

Die anderen sind immer wichtiger als ich.

Nur ich bin für das Wohlbefinden meiner Familie verantwortlich.

Wenn ich meine Überzeugung gefunden habe, mit der ICH bisherige Spiegelbilder erzeugt habe, kann ich wählen. Ich kann sie aufgeben, weil ich erkannt habe, dass sie nicht mehr stimmt, oder ich kann sie beibehalten. Im letzteren Fall weiß ich aber, dass ICH es so will. Ich bin kein Opfer mehr.

Wenn ich sie aber aufgebe und in einem liebevollen Ritual (aufschreiben, Rückschau halten, danken, zerreißen, verbrennen) loslasse, hebe ich ihre Wirkung in meinem Leben auf.

Schritt 4 – Neue Idee:
An die Stelle in meinem Bewusstsein, die nun frei geworden ist, kann ich gedanklich eine neue Idee anpflanzen. Im Falle eines körperlichen Symptoms lautet sie unserem Beispiel entsprechend so:
Ich brauche es zu meiner Heilung / Vollkommenheit, mich wichtig zu nehmen und mir mehr Platz zu gönnen!
Eine kürzere Version:
„Ich darf wichtig sein und mir mehr Platz gönnen!"
Wenn Sie *die neue Idee bejahen und ehrlichen Herzens wollen*, rufen Sie sich diese mehrere Male täglich in Erinnerung, spüren Sie mit all Ihren Sinnen, wie gut es tut, so zu sein und sich so zu verhalten, freuen Sie sich darüber und sagen Sie DANKE! Wiederholen Sie es über einen langen Zeitraum – mindestens einen Monat! Haben Sie Geduld! „Das Gras wächst nicht schneller, indem Sie daran ziehen!" Die Saat wird aufgehen und in Ihrem Leben zu wachsen beginnen!

✎ AUFGABE
Entschlüsseln Sie nun die Botschaft Ihres Körpers!

Schritt 1:
Was stört Sie an Ihrem Körper, wenn Sie (nackt) vor dem Spiegel stehen? Womit sind Sie unzufrieden?

....

Eigenschaft:

....

Verhalten:

....

Schritt 2:
Ich akzeptiere mich, wie ich bin, denn ICH WILL es so! Ich brauche meinen Körper und mein Gewicht, damit ich vollständig bin, weil es an meiner statt Eigenschaften und Verhaltensweisen hervorbringt, die ich an mir verurteile und aus meinem Leben ausklammere!

Entschlüsseln: du bist ich
Verwandeln der negativen Eigenschaft und des negativen Verhaltens in die positive Form! Münze umdrehen!

Negative Eigenschaft:

....

Münze umdrehen – POSITIVE Seite der Eigenschaft:

....

Negatives Verhalten:

....

Münze umdrehen – POSITIVE Seite des Verhaltens:

....

Was kann jemand besonders [illegible] als ________________ bezeichne? Es sind mehrere [illegible]nigkeiten möglich. Wählen Sie die aus, die Sie anspricht[illegible]

Finden Sie den stiftenden G[illegible]ubenssatz heraus! (siehe Anleitung bei Beispiel 1 und 2)

Schritt 3:
Hinterfragen Sie Ihren Glaubenssatz. Ist diese Aussage für Sie heute noch richtig?
Wenn nein, geben Sie ihn auf!
Schreiben Sie ihn auf, lassen Sie in Gedanken all die Situationen Revue passieren, wo Sie darunter gelitten haben. Dann lassen Sie ihn los! Zerreißen Sie ihn und verbrennen Sie ihn. Danken Sie dabei dem lieben Gott (dem heiligen Geist, der Schöpferkraft), wie immer Sie Ihre geistige Führung bezeichnen mögen!
Die alte Überzeugung verliert nun Ihre Wirkung für Sie!

Schritt 4:
Die neue Idee muss die Erlaubnis enthalten, *die positive Eigenschaft und das positive Verhalten zu leben, die* Ihnen Ihr Körper durch *das Spiegelbild „Gewicht" gespiegelt hat.*

Ich *brauche es* zu meiner Vollständigkeit/Heilung, zu sein und zu handeln.
Ich *darf* ______________ sein und ______________ handeln.

Schreiben Sie sich Ihre neue Idee auf und bewahren Sie diese in Ihrem Blickfeld auf (Geldbörse, Taschenkalender, Spiegel).
Indem Sie sich die neue Idee viele Male täglich ins Bewusstsein holen und sich damit identifizieren, schaffen Sie die Ursache für deren Wirkung in Ihrem Leben.

Sie benötigen Ihr Gewicht nun nicht mehr! Es wird in den nächsten Monaten weniger werden, wenn Sie Ihre Stärken, auf die Sie durch das Spiegelgesetz aufmerksam gemacht wurden, in Ihrem Leben ausdrücken.
„Es genügt nicht zu wissen, man muss es auch tun!", so ähnlich lautet ein Ausspruch des großen Dichterfürsten Johann Wolfgang von Goethe. Das gilt nun für die Verwirklichung Ihrer Vorsätze.

Gleichzeitig mit dem Ändern Ihres Programmes in Gedanken unternehmen Sie immer wieder einen kleinen Schritt in Ihrem Verhalten, der der neuen Idee entspricht!

Beispiel:
Ich nehme mich wichtig!
Ich gönne mir mehr Platz!

Beispiel:
Erster Schritt:
Anstatt wie bisher jeden Tag abends gewohnheitsmäßig vor dem Fernseher zu sitzen, treffen Sie sich einmal in der Woche mit lieben Freundinnen, weil das wichtig für Sie ist.
Anstatt sich verpflichtet zu fühlen, jeden Sonntag Ihre Familie einzuladen und zu bekochen, unternehmen Sie jedes zweite Wochenende etwas, was *IHNEN Freude macht*, zum Beispiel einen Besuch im Hallenbad oder einen Ausflug mit Picknick in der Natur.

„Jeden Tag eine gute Tat", heißt der Wahlspruch der Pfadfinder, dem ich von Herzen zustimme.
Diese tägliche gute Tat sollten auch Sie sich wert sein, wenn es darum geht, Ihr Leben positiv zu verändern.
Entdecken Sie einen Lebensstil, der *Ihren* Bedürfnissen entspricht und zu mehr Freude und zu mehr innerer Zufriedenheit führt. *Essen aus einem Gefühl der inneren Leere* ist dann unnötig, wenn Ihre Tanks voll Lebensfreude und Zufriedenheit sind.
Wenn Sie ehrlichen Herzens für sich und Ihre Wünsche eintreten, wird niemand in Ihrem Umfeld etwas dagegen einwenden, das ist zumindest meine eigene erfreuliche Erfahrung.

Oftmals habe ich früher meinem Mann zuliebe, der ja, wie ich schon einmal erwähnt habe, leidenschaftlich gerne wandert, an kilometerlangen Tageswanderungen teilgenommen, obwohl ich viel

lieber in einem Liegestuhl in der Sonne mit der Seele gebaumelt oder Freunde besucht hätte. Ein ungetrübter Wandertag wurde es auf diese Weise meist nicht!
Intuitiv merkte mein lieber Mann meine Unwilligkeit. Erst als ich den Mut hatte, wirklich zu meinen Wünschen zu stehen, und nur mitwanderte, wenn ich wirklich Lust dazu hatte, wurden unsere gemeinsamen Unternehmungen für beide erfreuliche Erlebnisse!
Es lohnt sich, ehrlich für seine Wünsche und Bedürfnisse einzutreten.
Entdecken Sie einen Lebensstil, der zu Ihrer *Freude und Zufriedenheit* führt!

Was sind Ihre Quellen der Lebensfreude?
Zum Beispiel: Kino/Theaterbesuch, Freunde treffen, Saunabesuch, Musik hören, ein Hobby pflegen, Kosmetik/Friseur, ein spannendes Buch lesen, tanzen, Thermalbad etc.
Was macht Ihnen Freude? Woran haben Sie Spaß?
Sammeln Sie Ideen für Aktivitäten, die Ihnen Freude machen und die für Sie ohne große Schwierigkeiten durchführbar sind!

Täglich:

....

....

Wöchentlich:

....

Monatlich:

....

Zum guten Schluss

Ich bin jetzt am Ende meines Buches angelangt, in dem ich Sie mit *6 Schlüsseln zum Wunschgewicht* vertraut gemacht habe. Jeder einzelne davon wird Ihnen helfen, das Gewicht zu erreichen, das Sie erträumen und bei dem Sie sich wohlfühlen. Die Reihenfolge der Schlüssel können Sie individuell wählen. Vielleicht möchten Sie gleich mit dem letzten Schlüssel beginnen, auch das ist möglich. *Alle zusammen öffnen Ihnen garantiert alle Türen* zu diesem Ziel! Ich habe allesamt persönlich ausprobiert. Die Erkenntnisse in diesem Buch beruhen auf jahrzehntelanger eigener Erfahrung und aus 25-jähriger Berufspraxis aus Kursen mit Übergewichtigen.

Seit einiger Zeit biete ich mein Wissen mit Erfolg in Tages-Workshops und Einzelberatungen an.

Immer war es mir möglich, meinen „Schützlingen" Ermutigung, Tipps und eine neue Sichtweise zu geben. Die Resultate waren oft erstaunlich, wie Sie aus den Fallbeispielen im Anhang erkennen können.

Zum Abschluss will ich Ihnen, liebe Leser, noch ein paar Worte mit auf den Weg geben, die für mich in letzter Zeit große Bedeutung gewonnen haben.

Ich bin okay, wie ich bin!
Ich bin einzigartig!

Früher hätte ich diese Überzeugung überheblich gefunden und wäre keinesfalls damit einverstanden gewesen. Schon in meiner Kindheit fand ich nichts Besonderes an mir. Im Gegenteil! Wenn ich mein Aussehen mit meinen Freundinnen und Mitschülerinnen verglich, schnitt ich immer sehr schlecht ab. Schon mit zehn Jahren fand ich mich zu groß und zu plump. Meine früh entwickelte Weiblichkeit (sprich: Busen) lehnte ich ab und schämte mich deshalb. Viele, viele Jahre lang kritisierte ich mich wegen meiner äußeren Erscheinung! Wie viel hätte ich dafür gegeben, klein und zierlich zu sein! Wenn ich alte Urlaubsfilme betrachte und mich darin sehe, denke ich jedoch oft: „Ich war doch eine ganz attraktive Frau mit einer guten Figur!“ Zur Zeit der Entstehung dieser Filme hatte ich mich nie so gesehen. Viele Jahre meines Lebens fand ich mich zu dick, zu gewöhnlich, zu mittelmäßig!

Heute ist mein Urteil über mich und mein Aussehen viel milder geworden. Ich stehe zu meiner Größe. Meine Figur ist wohlgeformt und entspricht meiner Persönlichkeit. Ich finde mich okay, so wie ich bin. Ich bin mit mir zufrieden.

Aus Gesprächen mit guten Freundinnen habe ich entnommen, dass diese sich ähnlich abwertend beurteilten. Meine Ex-Schwiegertochter, eine außergewöhnlich hübsche Frau mit wunderschönen roten Haaren, die jeder bewunderte, färbte ihr Haar sogar schwarz, weil sie selbst ihre Haarpracht hässlich fand.

Wie geht es Ihnen mit Ihrem Urteil über sich selbst?

Speziell Frauen (mittlerweile auch Männer) bewerten sich keineswegs objektiv! Im Vergleich mit Geschlechtsgenossinnen fühlen sie sich oft unterlegen. Viele finden sich zu dick! Der Figurstress beginnt heutzutage oft schon im Volksschulalter.

Woher kommt das? Es gibt doch kein kleines Kind, das seinen Körper kritisiert und sagt: „Oh, meine Hüften sind zu dick!“ Das heutige verzerrte Schönheitsideal beeinflusst unser Schönheitsempfinden und viele eifern ihm nach. Die Medien, Prominente in Film und Fernsehen tragen weiter dazu bei. Schönheitsoperationen sind für viele schon gang und gäbe, wie früher ein Friseurbesuch.

Können und wollen wir uns freimachen von dem gültigen so genannten Schönheitsideal oder meinen wir diesen Anforderungen entsprechen zu müssen?

Selbstakzeptanz und Zufriedenheit sind nicht an Bedingungen geknüpft, wie zum Beispiel: „Erst wenn ich schlank bin, mag ich mich!“

Zuerst muss ich mich annehmen, wie ich bin, nämlich als eine einzigartige Persönlichkeit. Im ganzen Universum gibt es niemand, der so ist wie ich. *Ich bin okay, wie ich bin.*

Selbstverständlich können wir viel für unser Äußeres tun (einige Kilos abnehmen, Kleidung, Frisur, Make-up, Accessoires). Attraktivität hängt nicht allein vom Körpergewicht ab, ein gepflegtes Äußeres erhöht die persönliche Ausstrahlung.
Das Liebenswerte und Lebendige unserer Persönlichkeit kommt aber nicht aus all den durchaus erfreulichen Äußerlichkeiten.
Eine positive Lebenseinstellung, unsere innere Ausgeglichenheit, unsere Herzenswärme und unsere Echtheit strahlen nach draußen. Diese Ausstrahlung wirkt auf andere anziehend und macht uns erst wirklich schön!
Ein Gedicht, das ich unlängst per E-Mail erhalten habe, soll mein Buch von den sechs Schlüsseln beenden. Lassen Sie es auf sich wirken und denken Sie darüber nach!

Selbstbilder von Frauen in Raum und Zeit

Mit 3 Jahren:
Sie schaut sich an und sieht eine Königin.
Mit 8 Jahren:
Sie schaut sich an und sieht Aschenputtel.
Mit 15 Jahren:
Sie schaut sich an und sieht eine Hässliche:
„Mama! So kann ich nicht in die Schule gehen!“
Mit 20 Jahren:
Sie schaut sich an und findet: „Ich bin zu dick oder zu dünn und habe zu glatte Haare oder zu viele Locken“, stellt aber fest, sie habe keine Zeit, sich darum zu kümmern und geht trotzdem aus.
Mit 40 Jahren:
Sie schaut sich an und findet: „Ich bin zu dick oder zu dünn und habe zu glatte Haare oder zu viele Locken. Zumindest bin ich sauber,“ sagt sie sich und geht trotzdem fort.
Mit 50 Jahren:
Sie schaut sich an und stellt fest: „Ich bin ich.“ Und geht überall hin, wo sie will.

Mit 60 Jahren:

Sie schaut sich an und denkt an all die Leute, die sich nicht mehr im Spiegel anschauen können. Sie geht aus und erobert die Welt.

Mit 70 Jahren:

Sie schaut sich an und sieht Weisheit, Lachen und all ihre Fähigkeiten. Sie geht aus und freut sich des Lebens.

Mit 80 Jahren:

Sie kümmert sich nicht mehr um den Spiegel. Sie setzt ihren knallroten Hut auf und hat Spaß am Leben.

Vielleicht sollten wir den knallroten Hut schon viel früher aufsetzen?

Wenn nicht jetzt, wann dann?

Der beste Tag: HEUTE

Ich wünsche Ihnen viel Freude, Glück und Erfolg auf Ihrem Weg!

Der Weg ist das Ziel!

Anhang

Eine Auswahl an Negativ-Positiv-Umwandlungen

aggressiv	kraftvoll, dynamisch, temperamentvoll
arrogant	selbstsicher, selbstbewusst, kennt seinen Wert
chaotisch	flexibel, findet sich überall zurecht, kreativ
dumm	unschuldig, vertrauensvoll, natürlich
dominant	zielstrebig, hervorragend, kann sich durchsetzen
egoistisch	nimmt sich wichtig, schaut auf sich, setzt sich durch
eigensinnig	weiß, was er will, beharrlich, unabhängig,
falsch	diplomatisch, einfallsreich, schaut auf seinen Vorteil
faul	ruhebedürftig, entspannt, genießt die Ruhe
frech	schlagfertig, wortgewandt, traut sich
geizig	vorsorgend, sparsam, schaut auf sich
hart	ausdauernd, konsequent, prinzipientreu
hysterisch	temperamentvoll, zeigt seine Gefühle
kalt	sachlich, logisch, neutral
kritisch	beobachtet genau, weiß, wie etwas besser geht, hilfsbereit
lästig	beharrlich, macht auf sich aufmerksam

langweilig	gelassen, ruhig, besonnen
laut	macht sich bemerkbar, verschafft sich Gehör
oberflächlich	leicht, locker, verspielt
primitiv	einfach, naturbelassen, echt
rechthaberisch	kann sich behaupten, durchsetzungsfähig, ist von sich überzeugt
ruhelos	vital, lebhaft, aktiv
schlampig	kreativ, hat den Überblick
schlimm	lebhaft, geht aus sich heraus, auffallend
streitsüchtig	konfliktbereit, mutig, kontaktfreudig
stur	beständig, konstant, verlässlich
unentschlossen	bedächtig, prüft genau, langsam
unpünktlich	locker, flexibel
verantwortungslos	unbeschwert, leicht, frei

Wie Sie aus diesen Beispielen sehen, gibt es zu jeder negativen Eigenschaft mehrere, zum Teil sogar unterschiedliche positive Entsprechungen. Sie wählen die aus, die Sie am meisten anspricht.

Häufig genannte negative Eigenschaften des Körper/Gewichts-Spiegels und deren Umwandlung:

abstoßend	setzt Grenzen, kann nein sagen
bullig	kraftvoll, energiegeladen, voll Power
belastend	(ge)wichtig, bedeutend, macht stark
behindernd	geduldig, auf Wesentliches konzentriert, nimmt sich Zeit
dick	rund (ohne Ecken und Kanten), wohlgeformt, sich (be)schützend
fett	voll Energie, gehaltvoll, intensiv, reich an
gierig	zielstrebig, tüchtig, kann schnell zupacken
hässlich	auffallend, einzigartig, originell
mollig	weich, kuschelig, anschmiegsam
schwabbelig	locker, sorglos, bequem, tolerant
schwammig	weich, nachgiebig, aufnahmefähig
schwer	wichtig, bedeutend, wertvoll
unattraktiv	natürlich, zufrieden mit sich, ausgeglichen
unbeweglich	verlässlich, felsenfest, standfest
unförmig	flexibel, offen, fantasievoll
voluminös	auffallend, außergewöhnlich, raumfüllend
wie eine Walküre	mutig, kämpferisch, kraftvoll

Wunderbare Fallbeispiele aus meinen Workshops

Seit einigen Jahren halte ich mit großer Freude und Begeisterung Workshops und Einzel-Coachings über das Spiegelgesetz und die Spiegelgesetz-Methode®. Viele Menschen haben daran teilgenommen. Es war für mich immer ein berührendes Erlebnis zu beobachten, wie einfach und leicht die Spiegelbilder zu entschlüsseln sind und wie „leicht und frei" die Teilnehmer nach Hause gehen. Viele melden sich wieder bei mir und berichten von erfreulichen und wunderbaren Veränderungen in ihrem Leben. Aus diesen Rückmeldungen habe ich mit dem Einverständnis der betroffenen Personen drei ausgewählt, die ich Ihnen anschließend beschreibe. Sie können sich dadurch von der Wirksamkeit des „sechsten Schlüssels", der Spiegelgesetz-Methode®, überzeugen.

Die Namen der Personen sind selbstverständlich geändert.

Beispiel 1: Maria

Spiegelbild: Ehemann
Marias Mann behandelt sie äußerst lieblos. Die Ehe steht nach 26 Jahren knapp vor der Scheidung. Dazu gibt es Streitigkeiten wegen des Geldes aus dem Verkauf des gemeinsamen Hauses. Der Mann will ihr nichts davon geben.

Störende negative Eigenschaft:
lieblos
misstrauisch
Störendes negatives Verhalten:
er kapselt sich ab

Positive Umwandlung:
lieblos: *er schaut auf sich*, er geht in sich, er beobachtet wertfrei
misstrauisch: er ist vorsichtig, *er handelt überlegt*
sich abkapseln: Grenzen setzen, sich besinnen, sich zurückziehen

Schlüssel: DU bist ICH

Botschaft des Spiegelbildes:
Schau auf dich!
Überlege zuerst, dann handle!
Setz' Grenzen! Sag' öfter „Nein"!

Unbewusste Glaubenssätze:
Wenn ich auf mich schaue, bestraft mich das Schicksal und ich muss dafür büßen!
Wenn ich einen Fehler mache, bin ich ein Versager!
Wenn ich „Nein" sage, sterbe ich einsam und verlassen.

Neue Idee:
Ich nehme *mich* wichtig!!!
Ich schaffe alles mit links!
Ich darf „Nein" sagen und bin dafür geliebt!

Fazit:
Schon zwei Wochen nach dem Workshop meldete sich Maria überglücklich bei mir:
Ihr Mann sei wie ausgewechselt. Von Scheidung keine Rede mehr. Das Geld aus dem Hausverkauf übernehmen beide und teilen es gemeinsam ein.
Am kurz darauf folgenden Hochzeitstag überraschte Marias Mann sie während eines Balles mit einem Riesen-Rosenstrauß und einem Ständchen, gespielt von der Musikkapelle.

Beispiel 2: Susanne

Spiegelbild: Symptom Übergewicht
Susanne leidet sehr unter ihrem hartnäckigen Übergewicht. Oft hat sie schon versucht abzunehmen. Immer war sie eine Zeit lang erfolgreich dabei. Doch dann passierte immer das Gleiche. Einladungen, Urlaube und Fressorgien brachten die verlorenen Kilos rasch zurück. Susanne ist verzweifelt.

Was sie an Ihrem Körper besonders ablehnte, beschrieb sie so:
Negative Eigenschaften:
unappetitlich
schwammig
unproportioniert

Positive Umwandlung:
unappetitlich: natürlich, nimmt sich an, wie sie ist, bleibt sich treu
schwammig: weich, nachgiebig
unproportional: außergewöhnlich, auffallend, apart

Schlüssel: DU bist ICH

Botschaft des Spiegelbildes Körper:
Nimm dich an, wie du bist! Bleibe dir treu!
Zeige dich weich und nachgiebig!
Du bist außergewöhnlich apart! Steh dazu!

Glaubenssätze:
Wenn ich mir treu bleibe, ende ich im Stumpfsinn! Dann war mein Leben umsonst!
Wenn ich nur einmal nachgebe, kann ich mich gleich begraben lassen!
Alle außergewöhnlichen Menschen stürzen in einen Abgrund und sind dann ein Nichts!

Neue Idee:
Ich bin eine außergewöhnliche und einzigartige Persönlichkeit! Dazu stehe ich!!!
Ich entscheide mich, weich und nachgiebig zu sein.

Fazit:
Susanne rief mich nach einem drei viertel Jahr an und berichtete mir begeistert, was sich alles seit ihrer Teilnahme an dem Spiegelgesetz-Workshop verändert hatte. Als ich mich bald darauf mit ihr in einem Café traf, traute ich meinen Augen kaum. Eine schlanke, auffallend aparte Frau saß mir gegenüber, deren Augen vor Lebenslust funkelten. In ihrem pinkfarbenen T-Shirt und dem langen schmalen Rock sah sie aus wie eine wunderschöne exotische Blume. Siebzehn Kilo hatte sie abgenommen. Feiern und Urlaube genoss sie nun, ohne zuzunehmen. Heißhungerattacken gehörten der Vergangenheit an. Ihr Mann ist frisch verliebt in sie. Der Umgang mit den Kindern im Volksschulalter, früher mit endlosen Debatten und fruchtlosen Diskussionen behaftet, ist nun locker und unkompliziert. Leicht und frei meistert sie nun ihren Alltag.

Beispiel 3: Andreas

Symptom: Übergewicht
Als Andreas zu einem Einzel-Coaching zu mir kam, war er nur leicht übergewichtig. Er war sehr groß und wog höchstens fünf bis zehn Kilo zu viel. Das störte ihn sehr, war er doch bis vor kurzem schlank und sportlich gewesen.

Was ihn an seinen überflüssigen Kilos störte, beschrieb er so:
Negative Eigenschaften:
unbeweglich
üppig

Negatives Verhalten:
es bläht sich auf

Positive Umwandlung:
unbeweglich: felsenfest, stabil, verlässlich
üppig: im Überfluss vorhanden, reich, lebensfroh
es bläht sich auf: es fällt auf, es wird größer, es wächst

Schlüssel: DU bist ICH

Die Botschaft des Spiegelbildes Gewicht:
Sei felsenfest! Sei von dir überzeugt!
Sei lebensfroh! Freu dich! Nimm alles leichter!
Erlaube dir zu wachsen und größer zu werden!

Glaubenssätze:
Wenn ich an meiner Überzeugung festhalte, bin ich ein Spinner und ein Narr!
Nur wenn ich mir Sorgen mache, hat mein Leben einen Sinn!
Wenn ich wachse, bin ich ein ewiger Verlierer!

Neue Idee:
Voll Freude genieße ich den Reichtum meines Lebens!
Ich brauche es zu meiner Vollständigkeit, zu wachsen und meinen Überzeugungen zu trauen.

Auch von Andreas bekam ich per E-Mail eine Rückmeldung. Er ist jetzt schlank und rank wie früher. In seiner Firma hat er größere Aufgaben übernommen und trifft viele Entscheidungen allein verantwortlich. Dabei beweist er viel Spürsinn. Um seine Familie macht er sich nicht mehr so viele Sorgen, sondern genießt die Freizeit mit Frau und Kindern viel intensiver.

Quellenverzeichnis

Eric Carle: „Die kleine Raupe Nimmersatt"
1969, Stalling-Verlag GmbH, Oldenburg

Univ.-Prof. Dr. Rudolf Schoberberger, Univ.-Doz. Mag. Dr. Ingrid Kiefer, Univ.-Prof. Dr. med. Michael Kunze: „Schlank ohne Diät"
2002, Kneipp-Verlag, Leoben

Univ.-Doz. Mag. Dr. Ingrid Kiefer, Brigitte Charwat, Univ.-Prof. Dr. med. Michael Kunze: „77 einfache Fett-weg-Tipps"
2003, Kneipp-Verlag, Leoben

Andrea Hofbauer: „Becel-Ernährungsbroschüre"
Becel Institut, Ernährungsberatung
2003, Österr. Unilever Ges.m.b.H., Wien

Arthur Lassen: „Heute ist mein bester Tag"
1988, Let-Verlag Arthur Lassen, Bruchköbel

Christa Saitz: „Leicht und Frei", Schlankwerden mit der Spiegelgesetz-Methode®
2003, Ennsthaler Verlag, Steyr

Christa Kössner: „Die Spiegelgesetz-Methode®"
2001, Ennsthaler Verlag, Steyr

Christa Kössner, Dr. Leopold Leeb, Alois Senger: „Meine Krankheit spiegelt mich"
2003, Ennsthaler Verlag, Steyr

Monika Windhorst: „Fit for beach"
1999, Verlag Trias, Stuttgart

Bücher, die zusätzlich weiterhelfen:

Prof. Dr. Michael Hamm, Friedrich Bohlmann: „Die Idealdiät"
2004, Gräfe und Unzer-Verlag GmbH, München

Kathrin Dost: „Weight Watchers – Der 4 Wochen Power Plan"
2004, Gräfe und Unzer Verlag GmbH, München

Hildegard Ressel: „Was ich wirklich will"
2002, Scherz Verlag, Bern, München, Wien

Dan Millmann: „Die goldenen Regeln des friedvollen Kriegers"
Deutsche Ausgabe Ansata Verlag, Interlaken

Safi Nidiaye: „Herz öffnen statt Kopf zerbrechen"
2004, Integral Verlag, München

Ein Kurs in Wundern,
2001, Greuthof Verlag

Christa Saitz

Leicht und frei

Schlankwerden mit der Spiegelgesetzmethode®
Von der gefräßigen Raupe zum leichten Schmetterling

Alles wovon die Autorin schreibt, weiß sie aus eigener Erfahrung: Sie war nämlich eine dicke Frau! Doch sie schaffte es nach vielen Fehlversuchen.

In der Spiegelgesetzmethode® von Christa Kössner fand sie für sich den wichtigsten Schlüssel zum Schlankwerden und Schlankbleiben.

Als zertifizierter Spiegelgesetz-Coach leitet sie Workshops und Seminare unter dem Motto „Mein Übergewicht spiegelt mich“. Ihr Erfolg in ihren Kursen bisher: ca. 50.000 Kilo Abnahme!

144 Seiten, br., Format: A 5
ISBN 3-85068-613-2

Ennsthaler VERLAG

Christa Kössner

Die Spiegelgesetz-Methode®

Praktischer Wegweiser in die Freiheit

Die Spiegelgesetz-Methode® Christa Kössners bietet Selbsterkenntnis und Lebenshilfe, die nichts kostet, schnell und konkret umsetzbar, einfach und an jedem Ort anwendbar ist.

112 Seiten, br., Format: 11,7 x 17 cm
ISBN 3-85068-579-9

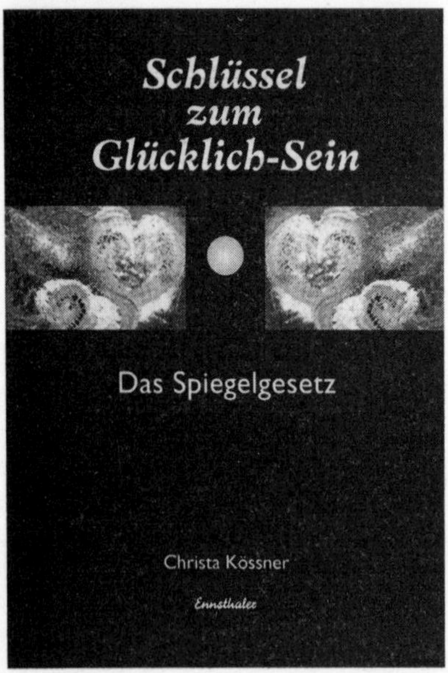

Christa Kössner

Schlüssel zum Glücklich-Sein

Das Spiegelgesetz

Erlangen Sie eine völlig neue Sichtweise von der Wirklichkeit und öffnen Sie das Tor zum Glücklich-Sein!

Sämtliche Ereignisse in unserem Leben sind Spiegelungen unserer tiefsten Überzeugungen und alle Menschen, mit denen wir näheren Kontakt haben, verkörpern Eigenschaften und Wesenszüge von UNS.

112 Seiten, br., Format: A5
ISBN 3-85068-524-1

Ennsthaler VERLAG

Kössner / Leeb / Senger

Meine Krankheit spiegelt … mich

Individuelle
Symptom-Entschlüsselung
mit der Spiegelgesetz-Methode®

Krankheitssymptome sind Spiegelbilder. Was außen – an meinem Körper – sichtbar wird, ist so auch innen – in meinem Denken und Glauben – vorhanden. Das Symptom erlaubt sich, was wir uns verbieten. Es verhält sich so, wie wir uns das niemals gestatten.

Dieses Buch bietet eine einfache und klare Anleitung zur Entschlüsselung von Krankheitssymptomen.

112 Seiten, br., Format: A5
ISBN 3-85068-594-2

Christa Kössner / Riccardo Exinger

Machos, Tussis, Nervensägen im Job?

Ihre genialen Botschaften mit der Spiegelgesetzmethode® entschlüsseln

Lustlosigkeit, Stress, Überaktivität oder Unzufriedenheit im Berufsleben sind Erscheinungsbilder, die den obersten Manager genauso betreffen wie den Mitarbeiter.

168 Seiten, br., Format: A5
ISBN 3-85068-621-3

Ennsthaler VERLAG